Entzündungen bekämpfen

Gesunde Ernährung für mehr Wohlbefinden

Julia Müller

Index

Portionen gefüllter Kekse zum Frühstück: 10 17

Zutaten: 17

Gebrauchsanweisung: 17

Mit Eiern gefüllte Portionen Süßkartoffeln: 1 19

Zutaten: 19

Gebrauchsanweisung: 19

Portionen Overnight Oats ohne Kochen: 1 21

Zutaten: 21

Gebrauchsanweisung: 21

Cremige Süßkartoffelportionen: 2 22

Zutaten: 22

Gebrauchsanweisung: 22

Portionen Safranschokolade: 2 24

Zutaten: 24

Gebrauchsanweisung: 24

Portionen Swift & Spicy Power Egg: 1 25

Zutaten: 25

Gebrauchsanweisung: 25

Portionen Cheddar-Schnittlauch-Soufflé: 8 26

Zutaten: 26

Gebrauchsanweisung: 27

Buchweizenpfannkuchen mit Mandelmilch und Vanilleportionen: 1 28

Zutaten: 28

Gebrauchsanweisung: 28
Eierbecher mit Spinat und Feta. Portionen: 3 30
Zutaten: 30
Gebrauchsanweisung: 30
Frühstücks-Frittata-Portionen: 2 32
Zutaten: 32
Gebrauchsanweisung: 32
Hähnchen-Quinoa-Burrito-Bowl-Portionen: 6 33
Zutaten: 33
Gebrauchsanweisung: 34
Avo-Toast mit Eiportionen: 3 35
Zutaten: 35
Gebrauchsanweisung: 35
Portionen Mandelhafer: 2 36
Zutaten: 36
Gebrauchsanweisung: 36
Portionen Choco-Nana-Pfannkuchen: 2 37
Zutaten: 37
Gebrauchsanweisung: 37
Portionen Haferflocken- und Süßkartoffelriegel: 6 39
Zutaten: 39
Gebrauchsanweisung: 40
Portionen leicht zu verzehrender Rösti: 3 42
Zutaten: 42
Gebrauchsanweisung: 42
Portionen Spargel-Pilz-Frittata: 1 44
Zutaten: 44

Gebrauchsanweisung: 44
Slow Cooker French Toast-Auflauf Portionen: 9 46
Zutaten: 46
Gebrauchsanweisung: 47
Truthahn mit Thymian und Salbei. Wurstportionen: 4 48
Zutaten: 48
Gebrauchsanweisung: 48
Spinat-Kirsch-Smoothie Portionen: 1 50
Zutaten: 50
Gebrauchsanweisung: 50
Portionen Frühstückskartoffeln: 2 51
Zutaten: 51
Gebrauchsanweisung: 51
Bananen- und Haferportionen: 1 52
Zutaten: 52
Gebrauchsanweisung: 52
Bananen-Mandel-Butter-Smoothie Portionen: 1 53
Zutaten: 53
Gebrauchsanweisung: 53
No-Bake-Schokoladen-Chia-Energieriegel, Portionen: 14 54
Zutaten: 54
Gebrauchsanweisung: 54
Leinsamen-fruchtige Frühstücksbowl Portionen: 1 56
Zutaten: 56
Gebrauchsanweisung: 57
Portionen Haferflocken zum Frühstück im Slow Cooker: 8 58
Zutaten: 58

Gebrauchsanweisung: 58
Portionen Pumpernickelbrot: 12 60
Zutaten: 60
Gebrauchsanweisung: 61
Portionen Kokos-Himbeer-Chia-Pudding: 4 63
Zutaten: 63
Gebrauchsanweisung: 63
Portionen Wochenend-Frühstückssalat: 4 64
Zutaten: 64
Gebrauchsanweisung: 64
Köstlicher vegetarischer Käsereis mit Brokkoli und Blumenkohl 66
Zutaten: 66
Gebrauchsanweisung: 67
Portionen mediterraner Toast: 2 68
Zutaten: 68
Gebrauchsanweisung: 68
Portionen Süßkartoffel-Frühstückssalat: 2 70
Zutaten: 70
Gebrauchsanweisung: 70
Portionen Fake Hash Brown Breakfast Cups: 8 71
Zutaten: 71
Gebrauchsanweisung: 71
Portionen Spinat-Pilz-Omelett: 2 72
Zutaten: 72
Gebrauchsanweisung: 72
Salat-Wraps mit Hühnchen und Gemüse: 2 74
Zutaten: 74

Gebrauchsanweisung: 75
Portionen cremige Zimt-Bananen-Schüssel: 1 76
Zutaten: 76
Gute Körner mit Preiselbeeren und Zimtportionen: 2 77
Zutaten: 77
Gebrauchsanweisung: 77
Frühstückomelettportionen: 2 79
Zutaten: 79
Gebrauchsanweisung: 79
Portionen Vollkorn-Sandwichbrot: 12 80
Zutaten: 80
Gebrauchsanweisung: 80
Geschreddertes Hähnchengyros 83
Zutaten: 83
Gebrauchsanweisung: 84
Portionen Süßkartoffelsuppe: 6 85
Zutaten: 85
Gebrauchsanweisung: 85
Zutaten für Quinoa-Burrito-Bowls: 87
Gebrauchsanweisung: 88
Brokkoli mit Mandeln: 6 90
Zutaten: 90
Gebrauchsanweisung: 90
Zutaten für das Quinoa-Gericht: 92
Gebrauchsanweisung: 92
Portionen einfacher Eiersalat: 2 94
Zutaten: 94

Gebrauchsanweisung: 94
Portionen weiße Bohnen-Chili: 4 95
Zutaten: 95
Gebrauchsanweisung: 96
Portionen Thunfisch mit Zitrone: 4 97
Zutaten: 97
Gebrauchsanweisung: 97
Portionen Tilapia mit Spargel und Eichelkürbis: 4 99
Zutaten: 99
Gebrauchsanweisung: 99
Füllung aus gebratenem Hähnchen mit Oliven, Tomaten und Basilikum 101
Zutaten: 101
Gebrauchsanweisung: 101
Ratatouille-Portionen: 8 103
Zutaten: 103
Gebrauchsanweisung: 103
Portionen Hühnerfleischbällchensuppe: 4 105
Zutaten: 105
Gebrauchsanweisung: 106
Krautsalat und Orangensalat mit Zitrusvinaigrette 107
Zutaten: 107
Gebrauchsanweisung: 108
Portionen Tempeh-Steaks und Wurzelgemüse: 4 109
Zutaten: 109
Gebrauchsanweisung: 109
Portionen grüne Suppe: 2 111
Zutaten: 111

Gebrauchsanweisung: 112
Zutaten für Peperoni-Pizzabrot: 113
Gebrauchsanweisung: 113
Rote-Bete-Gazpacho-Portionen: 4 115
Zutaten: 115
Gebrauchsanweisung: 115
Zutaten für frittierte Zucchini-Rigatoni: 117
Gebrauchsanweisung: 117
Capellini-Suppe mit Tofu und Garnelen: 8 119
Zutaten: 119
Gebrauchsanweisung: 120
Portionen gebutterter Garnelenreis mit Zitrone: 3 121
Zutaten: 121
Gebrauchsanweisung: 121
Gebackene Garnelen mit Zitrone mit Zucchini und Mais Portionen: 4 ... 123
Zutaten: 123
Gebrauchsanweisung: 124
Portionen Blumenkohlsuppe: 10 125
Zutaten: 125
Gebrauchsanweisung: 125
Süßkartoffel- und schwarze Bohnenburger: 6 127
Zutaten: 127
Gebrauchsanweisung: 128
Portionen Kokospilzsuppe: 3 130
Zutaten: 130
Gebrauchsanweisung: 130
Portionen winterlicher Obstsalat: 6 132

Zutaten: 132
Gebrauchsanweisung: 132
Gebratene Hähnchenschenkel mit Honig und Karotten: 4 134
Zutaten: 134
Gebrauchsanweisung: 134
Peru-Chili-Portionen: 8 136
Zutaten: 136
Gebrauchsanweisung: 137
Linsensuppe mit Gewürzen Portionen: 5 138
Zutaten: 138
Gebrauchsanweisung: 138
Portionen Hähnchen mit Knoblauch und Gemüse: 4 140
Zutaten: 140
Gebrauchsanweisung: 141
Portionen Räucherlachssalat: 4 142
Zutaten: 142
Gebrauchsanweisung: 143
Portionen Bohnen-Shawarma-Salat: 2 144
Zutaten: 144
Gebrauchsanweisung: 145
Portionen gebratener Reis mit Ananas: 4 146
Zutaten: 146
Gebrauchsanweisung: 147
Portionen Linsensuppe: 2 148
Zutaten: 148
Gebrauchsanweisung: 149
Köstlicher Thunfischsalat, Portionen: 2 150

Zutaten: 150
Gebrauchsanweisung: 150
Aioli mit Eiportionen: 12 152
Zutaten: 152
Gebrauchsanweisung: 152
Spaghetti-Nudeln mit Kräuter-Pilz-Sauce Zutaten: 153
Gebrauchsanweisung: 154
Brauner Reis und Shitake-Miso-Suppe mit Schnittlauch 156
Zutaten: 156
Gegrillte Meerforelle mit Knoblauch-Petersilien-Sauce 158
Zutaten: 158
Gebrauchsanweisung: 158
Zutaten für den Blumenkohl-Kichererbsen-Wrap: 160
Gebrauchsanweisung: 161
Portionen Buchweizennudelsuppe: 4 163
Zutaten: 163
Gebrauchsanweisung: 164
Einfache Lachssalatportionen: 1 165
Zutaten: 165
Gebrauchsanweisung: 165
Portionen Gemüsesuppe: 4 166
Zutaten: 166
Gebrauchsanweisung: 167
Knoblauch, Zitronengarnelen: 4 169
Zutaten: 169
Gebrauchsanweisung: 169
Frühlingsrollen Blt Zutaten: 170

Brust mit Blauschimmelkäse: 6 171
Zutaten: 171
Gebrauchsanweisung: 171
Zutaten für kaltes Soba mit Misosauce: 173
Gebrauchsanweisung: 174
Gebratene Büffelblumenkohlstücke: 2 175
Zutaten: 175
Gebrauchsanweisung: 175
Gebratenes Knoblauchhähnchen mit Basilikum und Tomaten: 4 177
Zutaten: 177
Gebrauchsanweisung: 178
Cremige Safran-Blumenkohlsuppe, Portionen: 4 179
Zutaten: 179
Gebrauchsanweisung: 180
Brauner Reis mit Pilzen, Kohl und Süßkartoffeln 181
Zutaten: 181
Rezept für gebackenen Tilapia mit Pekannuss- und Rosmarinbelag 183
Zutaten: 183
Portionen Tortilla-Wrap mit schwarzen Bohnen: 2 185
Zutaten: 185
Gebrauchsanweisung: 185
Hähnchen mit weißen Bohnen und grünem Wintergemüse 186
Zutaten: 186
Gebrauchsanweisung: 187
In Kräutern gebackene Lachsportionen: 2 188
Zutaten: 188
Gebrauchsanweisung: 188

Hühnersalat mit griechischem Joghurt....190
Zutaten: 190
Gebrauchsanweisung: 190
Pilado-Kichererbsensalat....191
Zutaten: 191
Gebrauchsanweisung: 192
Portionen Valencia-Salat: 10 193
Zutaten: 193
Gebrauchsanweisung: 194
Portionen „Eat Your Greens"-Suppe: 4 195
Zutaten: 195
Gebrauchsanweisung: 196
Portionen Lachs mit Miso und grünen Bohnen: 4....197
Zutaten: 197
Gebrauchsanweisung: 197
Portionen Lauch-, Hühner- und Spinatsuppe: 4....198
Zutaten: 198
Gebrauchsanweisung: 199
Portionen dunkle Schokoladenbomben: 24....200
Zutaten: 200
Gebrauchsanweisung: 200
Portionen italienischer gefüllter Paprika: 6....201
Zutaten: 201
Gebrauchsanweisung: 202
Geräucherte Forelle im Salatmantel. Portionen: 4 203
Zutaten: 203
Gebrauchsanweisung: 204

Zutaten für gekochten Eiersalat: 205
Gebrauchsanweisung: 205
Gebackenes Sesam-Tamari-Hähnchen mit grünen Bohnen 207
Zutaten: 207
Gebrauchsanweisung: 207
Portionen Ingwer-Hühnereintopf: 6 209
Zutaten: 209
Gebrauchsanweisung: 210
Zutaten für den cremigen Garbano-Salat: 211
Gebrauchsanweisung: 212
Karottennudeln mit Erdnusssauce und Ingwer 214
Zutaten: 214
Gebrauchsanweisung: 214
Gebratenes Gemüse mit Süßkartoffeln und weißen Bohnen 216
Zutaten: 216
Gebrauchsanweisung: 217
Portionen Grünkohlsalat: 1 218
Zutaten: 218
Gebrauchsanweisung: 218
Gekühlte Glasportionen aus Kokosnuss und Haselnuss: 1 220
Zutaten: 220
Gebrauchsanweisung: 220
Knoblauchportionen Kichererbsen und Spinat: 4 221
Zutaten: 221
Gebrauchsanweisung: 221
Taroblätter in Kokossauce, Portionen: 5 223
Zutaten: 223

Gebrauchsanweisung: 223

Portionen gefüllter Kekse zum Frühstück: 10

Kochzeit: 30 Minuten

Zutaten:

1 Löffel Pflanzenöl

¼ Pfund Putenwurst

2 Eier, geschlagen

Pfeffer nach Geschmack

10 Unzen. gekühlte Kuchen

Kochspray

Gebrauchsanweisung:

1. In einer Pfanne bei mittlerer Hitze das Öl hinzufügen und die Wurst 5 Minuten lang anbraten

Protokoll.

2. In eine Schüssel umfüllen und beiseite stellen.

3. Die Eier in der Pfanne kochen und mit Pfeffer würzen.

4. Eier mit der Wurst in eine Schüssel geben.

5. Geben Sie den Kuchenteig in die Fritteuse.

6. Jeweils mit der Ei-Wurst-Mischung belegen.

7. Falten und schließen.

8. Mit Öl einsprühen.

9. In der Heißluftfritteuse 8 Minuten bei 180 °C garen.

10. Wenden und 7 Minuten weitergaren.

Mit Eiern gefüllte Portionen Süßkartoffeln: 1

Kochzeit: 25 Minuten

Zutaten:

Gekochte Süßkartoffel - 1

Eier, groß - 2

Geriebener Cheddar-Käse – 2 EL

Frühlingszwiebel, in Scheiben geschnitten – 1

Extra natives Olivenöl – 0,5 EL

Gewürfelte Pilze - 2

Meersalz - 0,25 TL

Gebrauchsanweisung:

1. Heizen Sie den Ofen auf 350 Grad Fahrenheit vor und bereiten Sie ein Backblech oder einen kleinen Teller für die Kartoffeln vor.

2. Die gekochten Süßkartoffeln halbieren und auf das Backpapier legen. Lösen Sie das orangefarbene Fruchtfleisch der Kartoffel vorsichtig mit einem Löffel von der Schale und achten Sie darauf, dass die Schale intakt bleibt,

ohne sie zu beschädigen. Das Kartoffelfleisch in eine kleine Schüssel geben. Mit einer Gabel das Süßkartoffelfleisch in der Schüssel zerdrücken.

3. Cheddar-Käse, Frühlingszwiebeln, Olivenöl und Pilze in die Süßkartoffelschüssel geben. Mischen Sie die Mischung und geben Sie sie wieder auf die Süßkartoffelschalen in der Auflaufform.

4. Machen Sie mit dem Löffel einen Krater oder eine Grube in der Mitte jeder Kartoffelhälfte und schlagen Sie dann in jeden Krater ein Ei. Streuen Sie Meersalz über die Süßkartoffel und das Ei.

5. Stellen Sie die Pfanne mit den Kartoffeln in den Ofen und kochen Sie sie, bis das Ei nach Ihren Wünschen gegart ist und die Kartoffeln warm sind, ca. 15 bis 20 Minuten. Nehmen Sie die Folie aus dem Ofen und genießen Sie sie frisch und warm.

Portionen Overnight Oats ohne Kochen: 1

Zutaten:

1 ½ c. Magermilch

5 Stück ganze Mandeln

1 Teelöffel. Chiasamen

2 Esslöffel. Hafer

1 Teelöffel. Sonnenblumenkerne

1 Esslöffel. Kraisinen

Gebrauchsanweisung:

1. Geben Sie alle Zutaten in ein Glas oder Einmachglas mit Deckel.

2. Über Nacht kühl stellen.

3. Genießen Sie das Frühstück. Im Kühlschrank bis zu 3 Tage haltbar.

<u>Ernährungsinformation:</u>Kalorien: 271, Fett: 9,8 g, Kohlenhydrate: 35,4 g, Protein: 16,7

g, Zucker: 9 g, Natrium: 97 mg

Cremige Süßkartoffelportionen: 2

Kochzeit: 7 Minuten

Zutaten:

Gebratene Süßkartoffeln – 2

Mandelmilch, ungesüßt – 0,5 Tasse

Gemahlener Zimt – 0,25 TL

Vanilleextrakt – 0,5 TL

Gemahlener Leinsamen - 1 EL

Dattelpaste – 1 Esslöffel

Mandelbutter – 2 EL

Blaubeeren – 0,5 Tasse

Gebrauchsanweisung:

1. Sie möchten die gebackenen Süßkartoffeln warm haben. Wenn sie also bereits gebacken und abgekühlt sind, erwärmen Sie die gekochten Süßkartoffeln in der Mikrowelle oder im Ofen, bevor Sie die Brötchen backen.

2. Schälen Sie die Süßkartoffel und geben Sie das Kartoffelfleisch zusammen mit allen anderen Zutaten in die Süßkartoffelschüssel, außer den Blaubeeren, in einen Mixer. Pulsieren, bis eine glatte und cremige Masse entsteht, ca. 30 Sekunden kochen lassen, dann den Inhalt in eine große Schüssel umfüllen. Geben Sie die Blaubeeren und eventuell noch etwas Mandelmilch auf die Schüssel. Sie können sogar etwas Müsli, Nüsse oder Samen hinzufügen, wenn Sie es knuspriger wünschen.

Portionen Safranschokolade: 2

Kochzeit: 5 Minuten

Zutaten:

1 Tasse ungesüßte Kokosmilch

2 Teelöffel Kokosöl, geschmolzen

1½ EL Kakaopulver

1 Teelöffel gemahlener Kurkuma

Eine Prise schwarzer Pfeffer

Eine Prise Cayennepfeffer

2 Teelöffel roher Honig

Gebrauchsanweisung:

1. Die Milch in einen Topf geben, bei mittlerer Hitze erhitzen, Öl, Kakaopulver, Kurkuma, schwarzen Pfeffer, Cayennepfeffer und Honig hinzufügen. Gut verquirlen, 5 Minuten kochen lassen, in ein Glas gießen und servieren.

2. Viel Spaß!

Ernährungsinformation:Kalorien 281, Fett 12, Ballaststoffe 4, Kohlenhydrate 12, Protein 7

Portionen Swift & Spicy Power Egg: 1

Kochzeit: 3 Minuten

Zutaten:

1 Tasse Milchsuppe

1 Esslöffel geschmolzene Butter

2 Einheiten Eier

Eine Prise Kräuter und Gewürze: getrockneter Dill, getrockneter Oregano, getrocknete Petersilie, getrockneter Thymian und Knoblauchpulver

Gebrauchsanweisung:

1. Heizen Sie den Backofen auf 180 °C vor. Fetten Sie in der Zwischenzeit den Boden einer ofenfesten Form mit Milch und Butter ein.

2. Schlagen Sie die Eier vorsichtig in die Buttermilchglasur. Die Eier mit getrockneten Kräutern und Knoblauchpulver bestreuen.

3. Stellen Sie das Blech in den Ofen. 3 Minuten braten, oder bis die Eier gar sind.

Ernährungsinformation:Kalorien 177 Fett: 5,9 g Protein: 8,8 g Natrium: 157 mg Gesamtkohlenhydrate: 22,8 g Ballaststoffe: 0,7 g

Portionen Cheddar-Schnittlauch-Soufflé: 8

Kochzeit: 25 Minuten

Zutaten:

½ Tasse Mandelmehl

¼ Tasse gehackter Schnittlauch

1 Löffel Salz

½ TL Xanthangummi

1 TL gemahlener Senf

¼ TL Cayennepfeffer

½ Teelöffel zerstoßener schwarzer Pfeffer

¾ Tasse Sauerrahm

2 Tassen geriebener Cheddar-Käse

½ Tasse Backpulver

6 Bio-Eier, getrennt

Gebrauchsanweisung:

1. Schalten Sie den Ofen ein, stellen Sie die Temperatur auf 350 °F ein und heizen Sie ihn vor.

2. In einer mittelgroßen Schüssel Mehl hinzufügen, die restlichen Zutaten außer Hefe und Eier hinzufügen und verrühren, bis alles gut vermischt ist.

3. Eigelb und Eiweiß auf zwei Schüsseln verteilen, Eigelb zur Mehlmischung geben und verrühren, bis alles gut vermischt ist.

4. Das Backpulver zum Eiweiß geben und mit einem Elektromixer schlagen, bis sich steife Spitzen bilden. Dann das Eiweiß unter die Mehlmischung heben, bis alles gut vermischt ist.

5. Den Teig gleichmäßig auf acht Auflaufförmchen verteilen und 25 Minuten backen, bis er fertig ist.

6. Sofort servieren oder bis zum Verzehr im Kühlschrank aufbewahren.

<u>Ernährungsinformation:</u>Kalorien 288, Gesamtfett 21 g, Gesamtkohlenhydrate 3 g, Protein 14 g

Buchweizenpfannkuchen mit Mandelmilch und Vanilleportionen: 1

Zutaten:

½ Tasse ungesüßte Vanille-Mandelmilch

2-4 Päckchen natürlicher Süßstoff

1/8 TL. Salz

½ Tasse Weizenmehl

½ TL. doppelt wirkendes Backpulver

Gebrauchsanweisung:

1. Bereiten Sie eine antihaftbeschichtete Pfannkuchenpfanne vor, sprühen Sie sie mit Kochspray ein und stellen Sie sie auf mittlere Hitze.

2. Buchweizenmehl, Salz, Backpulver und Stevia in einer kleinen Schüssel vermischen und dann die Mandelmilch hinzufügen.

3. Einen großen Löffel Teig in die Pfanne geben und kochen, bis keine Blasen mehr auf der Oberfläche erscheinen und die gesamte Oberfläche trocken aussieht (2-4 Minuten). Wenden und 2-4 Minuten weitergaren. Mit dem restlichen Teig wiederholen.

Ernährungsinformation:Kalorien: 240, Fett: 4,5 g, Kohlenhydrate: 2 g, Protein: 11 g, Zucker: 17 g, Natrium: 67 mg

Eierbecher mit Spinat und Feta. Portionen: 3

Kochzeit: 25 Minuten

Zutaten:

Eier, groß - 6

Gemahlener schwarzer Pfeffer – 0,125 TL

Zwiebelpulver - 0,25 TL

Knoblauchpulver – 0,25 TL

Feta-Käse – 0,33 Tassen

Babyspinat – 1,5 Tassen

Meersalz - 0,25 TL

Gebrauchsanweisung:

1. Heizen Sie den Ofen auf 350 Grad Fahrenheit vor, stellen Sie einen Rost in die Mitte des Ofens und fetten Sie eine Muffinform ein.

2. Den Spinat und den Feta-Käse auf dem Boden von 12 Muffinförmchen verteilen.

3. In einer Schüssel Eier, Meersalz, Knoblauchpulver, Zwiebelpulver und schwarzen Pfeffer verquirlen, bis sich das Eiweiß vollständig im Eigelb

aufgelöst hat. Gießen Sie das Ei über den Spinat und den Käse in die Muffinförmchen und füllen Sie die Förmchen zu drei Vierteln. Legen Sie das Backblech in den Ofen, bis die Eier gekocht sind, etwa achtzehn bis zwanzig Minuten.

4. Nehmen Sie die Spinat- und Feta-Eierbecher aus dem Ofen und servieren Sie sie warm oder lassen Sie die Eier vollständig auf Raumtemperatur abkühlen, bevor Sie sie in den Kühlschrank stellen.

Frühstücks-Frittata-Portionen: 2

Kochzeit: 20 Minuten

Zutaten:

1 gehackte Zwiebel

2 Esslöffel rote Paprika, fein gehackt

¼ Pfund Truthahn-Frühstückswurst, gekocht und zerbröckelt 3 Eier, geschlagen

Cayennepfeffer

Gebrauchsanweisung:

1. Alle Zutaten in einer Schüssel vermischen.

2. In eine kleine ofenfeste Form füllen.

3. Legen Sie die Bratpfanne in den Korb der Heißluftfritteuse.

4. In einer Fritteuse 20 Minuten braten.

Hähnchen-Quinoa-Burrito-Bowl-Portionen: 6

Kochzeit: 5 Stunden

Zutaten:

1 Pfund Hähnchenschenkel (ohne Haut, ohne Knochen)

1 Tasse Hühnerbrühe

1 Dose gewürfelte Tomaten (14,5 Gramm)

1 gehackte Zwiebel)

3 Knoblauchzehen (gehackt)

2 Teelöffel Chilipulver

½ TL Koriander

½ TL Knoblauchpulver

1 Paprika (fein gehackt)

15 Gramm Pintobohnen (abgetropft)

1 ½ Tassen geriebener Cheddar-Käse

Gebrauchsanweisung:

1. Hühnchen, Tomaten, Brühe, Zwiebeln, Knoblauch, Chilipulver, Knoblauchpulver, Koriander und Salz vermischen. Stellen Sie die Pfanne auf schwache Hitze.

2. Nehmen Sie das Hähnchen heraus und reißen Sie es mit einer Gabel und einem Messer in Streifen.

3. Geben Sie das Huhn wieder in den Slow Cooker und fügen Sie Quinoa und Pintobohnen hinzu.

4. Stellen Sie den Topf 2 Stunden lang auf niedrige Hitze.

5. Legen Sie den Käse darauf und kochen Sie ihn unter leichtem Rühren weiter, bis der Käse geschmolzen ist.

6. Servieren.

Ernährungsinformation:Kalorien: 144 mg, Gesamtfett: 39 g, Kohlenhydrate: 68 g, Protein: 59 g, Zucker: 8 g Ballaststoffe, 17 g, Natrium: 756 mg, Cholesterin: 144 mg

Avo-Toast mit Eiportionen: 3

Kochzeit: 0 Minuten

Zutaten:

1½ Teelöffel Ghee

1 Scheibe Brot, glutenfrei und geröstet

½ Avocado, in dünne Scheiben geschnitten

eine Handvoll Spinat

1 Rührei oder pochiertes Ei

Eine Prise rote Paprikaflocken

Gebrauchsanweisung:

1. Ghee auf dem gerösteten Brot verteilen. Mit Avocadoscheiben und Spinatblättern belegen. Legen Sie ein Rührei oder ein pochiertes Ei darauf. Beenden Sie die Dekoration mit einer Prise roter Paprikaflocken.

<u>Ernährungsinformation:</u>Kalorien 540 Fett: 18 g Protein: 27 g Natrium: 25 mg Gesamtkohlenhydrate: 73,5 g Ballaststoffe: 6 g

Portionen Mandelhafer: 2

Kochzeit: 0 Minuten

Zutaten:

1 Tasse altmodisches Haferflockenmehl

½ Tasse Kokosmilch

1 Esslöffel Ahornsirup

¼ Tasse Blaubeeren

3 Esslöffel gehackte Mandeln

Gebrauchsanweisung:

1. Haferflocken mit Kokosmilch, Ahornsirup und Mandeln in einer Schüssel vermischen. Abdecken und über Nacht ruhen lassen. Am nächsten Tag servieren.

2. Viel Spaß!

<u>Ernährungsinformation:</u>Kalorien 255, Fett 9, Ballaststoffe 6, Kohlenhydrate 39, Protein 7

Portionen Choco-Nana-Pfannkuchen: 2

Kochzeit: 6 Minuten

Zutaten:

2 große Bananen, geschält und zerdrückt

2 große Eier, auf der Weide aufgezogen

3 Löffel Kakaopulver

2 Esslöffel Mandelbutter

1 TL reiner Vanilleextrakt

1/8 Teelöffel Salz

Kokosöl zum Einfetten

Gebrauchsanweisung:

1. Eine Pfanne bei mittlerer bis niedriger Hitze vorheizen und die Pfanne mit Kokosöl einfetten.

2. Alle Zutaten in eine Küchenmaschine geben und zu einer glatten Masse verarbeiten.

3. Geben Sie etwas Teig (ca. ¼ Tasse) in die Pfanne und formen Sie einen Pfannkuchen.

4. Auf jeder Seite 3 Minuten braten.

Ernährungsinformation:Kalorien 303Gesamtfett 17g Gesättigtes Fett 4gGesamtkohlenhydrate 36gNettokohlenhydrate 29gProtein 5gZucker: 15gFaser: 5gNatrium: 108mgKalium 549mg

Portionen Haferflocken- und Süßkartoffelriegel: 6

Kochzeit: 35 Minuten

Zutaten:

Süßkartoffeln, gekocht, püriert – 1 Tasse

Mandelmilch, ungesüßt – 0,75 Tasse

Eier - 1

Dattelpaste – 1,5 EL

Vanilleextrakt – 1,5 TL

Backpulver – 1 Teelöffel

Gemahlener Zimt – 1 TL

Gemahlene Nelken – 0,25 TL

Gemahlene Muskatnuss – 0,5 TL

Ingwer, gemahlen - 0,5 TL

Gemahlener Leinsamen - 2 EL

Proteinpulver – 1 Portion

Kokosmehl – 0,25 Tassen

Haferflocken – 1 Tasse

Trockene ungesüßte Kokosnuss – 0,25 Tasse

Nüsse, gehackt – 0,25 Tasse

Gebrauchsanweisung:

1. Heizen Sie den Ofen auf 375 Grad Fahrenheit vor und legen Sie eine 20 x 20 cm große quadratische Backform mit Backpapier aus. Sie möchten etwas Pergamentpapier an den Seiten der Pfanne hängen lassen, um es anzuheben, wenn die Riegel fertig gebacken sind.

2. Geben Sie alle Zutaten für den Süßkartoffel-Hafer-Riegel in einen Mixer, außer der getrockneten Kokosnuss und den gehackten Walnüssen.

Rühren Sie die Mischung einige Augenblicke lang, bis eine glatte Masse entsteht, und stoppen Sie dann den Mixer. Möglicherweise müssen Sie die Seiten des Mixers abkratzen und erneut mixen.

3. Kokosnuss und Nüsse in den Teig geben und mit einem Spatel verrühren. Rühren Sie die Mischung nicht erneut, da Sie nicht möchten, dass sich diese Stücke vermischen. Gießen Sie die Süßkartoffel-Hafer-Mischung in die vorbereitete Pfanne und verteilen Sie sie.

4. Stellen Sie die Süßkartoffel-Hafer-Riegelform in die Mitte des Ofens und backen Sie sie, bis die Riegel hart geworden sind, ca. zweiundzwanzig

fünfundzwanzig Minuten. Nehmen Sie den Topf aus dem Ofen. Stellen Sie ein Abkühlgitter neben das Backblech, drehen Sie dann das Küchenpapier vorsichtig über den Grat, heben Sie es vorsichtig vom Backblech und legen Sie es zum Abkühlen auf das Gitter. Lassen Sie die Süßkartoffel-Haferriegel vollständig abkühlen, bevor Sie sie in Scheiben schneiden.

Portionen leicht zu verzehrender Rösti: 3

Kochzeit: 35 Minuten

Zutaten:

Zerkleinerte Pommes Frites, gefroren – 1 Pfund.

Eier - 2

Meersalz - 0,5 TL

Knoblauchpulver - 0,5 TL

Zwiebelpulver - 0,5 TL

Gemahlener schwarzer Pfeffer – 0,125 TL

Extra natives Olivenöl – 1 EL

Gebrauchsanweisung:

1. Beginnen Sie mit dem Aufheizen Ihres Waffeleisens.

2. Schlagen Sie die Eier in einer Kochschüssel, um sie aufzubrechen, und fügen Sie die restlichen Zutaten hinzu. Alles zusammenfalten, bis die Kartoffel gleichmäßig mit Ei und Gewürzen bedeckt ist.

3. Das Waffeleisen einfetten und ein Drittel der Rösti-Mischung darauf verteilen. Verschließen und die Kartoffeln darin ca. 5 Minuten goldbraun

garen lassen. zwölf bis fünfzehn Minuten. Nach dem Garen die Rösti vorsichtig mit einer Gabel herauslöffeln und ein weiteres Drittel der Mischung und dann das letzte Drittel weitergaren.

4. Sie können die gekochten Rösti im Kühlschrank aufbewahren und sie anschließend im Waffeleisen oder im Ofen erhitzen, um sie später noch einmal knusprig zu machen.

Portionen Spargel-Pilz-Frittata: 1

Kochzeit:

Zutaten:

Eier - 2

Spargelspieße – 5

Wasser - 1 Esslöffel

Extra natives Olivenöl – 1 EL

Pilze, in Scheiben geschnitten - 3

Meersalz – eine Prise

Fein gehackter Schnittlauch – 1

Ziegenkäse, halbweich – 2 EL

Gebrauchsanweisung:

1. Heizen Sie den Ofen auf die Grillstufe vor, während Sie die Frittata zubereiten. Bereiten Sie das Gemüse vor, indem Sie die harten Enden des Spargels entfernen und ihn in kleine Stücke schneiden.

2. Fetten Sie eine 17 bis 20 cm große ofenfeste Pfanne ein und stellen Sie sie auf mittlere Hitze. Fügen Sie die Pilze hinzu und braten Sie sie zwei Minuten

lang an, bevor Sie den Spargel hinzufügen und weitere zwei Minuten kochen lassen. Wenn das Gemüse gar ist, verteilen Sie es gleichmäßig auf dem Boden der Pfanne.

3. Eier, Wasser und Meersalz in einer kleinen Kochschüssel vermischen und über das sautierte Gemüse gießen. Gehackte Frühlingszwiebeln und zerbröselten Ziegenkäse über die Frittata streuen.

4. Lassen Sie die Pfanne auf diese Weise ungestört auf dem Herd weitergaren, bis sich die Rühreier in der Frittata an den Rändern absetzen und sich vom Pfannenrand lösen. Heben Sie die Pfanne vorsichtig an und drehen Sie sie in sanften kreisenden Bewegungen, damit das Ei gleichmäßig gart.

5. Die Frittata in den Ofen geben und in der Pfanne weitere zwei bis drei Minuten garen, bis das Ei gar ist. Behalten Sie das Ei für Ihre Frittata im Auge, damit es nicht zu lange kocht. Sobald die Frittata fertig ist, aus dem Ofen nehmen, auf einen Teller geben und noch warm genießen.

Slow Cooker French Toast-Auflauf Portionen: 9

Kochzeit: 4 Stunden

Zutaten:

2 Eier

2 Eiweiß

1 ½ Mandelmilch oder 1 % Milch

2 Esslöffel roher Honig

1/2 Teelöffel Zimt

1 TL Vanilleextrakt

9 Scheiben Brot

Ausfüllen:

3 Tassen Äpfel (gehackt)

2 Esslöffel roher Honig

1 Tasse Zitronensaftsuppe

1/2 Teelöffel Zimt

1/3 Tasse Pekannüsse

Gebrauchsanweisung:

1. Geben Sie die ersten sechs Zutaten in eine Schüssel und vermischen Sie sie.

2. Fetten Sie den Slow Cooker mit Antihaftspray ein.

3. Alle Zutaten für die Füllung in einer kleinen Schüssel vermischen und beiseite stellen. Die Apfelstücke gut mit der Füllung bedecken.

4. Schneiden Sie die Brotscheiben in zwei Hälften (Dreiecke), legen Sie dann drei Apfelscheiben auf die Unterseite und etwas Limette darauf. Brotscheiben auflegen und im gleichen Muster ausfüllen.

5. Geben Sie die Eimischung über die Brot- und Füllungsschichten.

6. Stellen Sie den Topf 2 1/2 Stunden lang auf hohe Hitze oder 4 Stunden lang auf niedrige Hitze.

Ernährungsinformation:Kalorien 227 Gesamtfett: 7 g Kohlenhydrate: 34 g Protein: 9 g Zucker: 19 g Ballaststoffe 4 g Natrium: 187 mg

Truthahn mit Thymian und Salbei.

Wurstportionen: 4

Kochzeit: 25 Minuten

Zutaten:

1 Pfund gemahlener Truthahn

½ Teelöffel Zimt

½ TL Knoblauchpulver

1 Teelöffel frischer Rosmarin

1 Teelöffel frischer Thymian

1 Löffel Meersalz

2 Teelöffel frischer Salbei

2 Esslöffel Kokosöl

Gebrauchsanweisung:

1. Alle Zutaten außer Öl in einer Schüssel vermischen.

Über Nacht oder 30 Minuten kühl stellen.

2. Öl in die Mischung gießen. Aus der Mischung vier Patties formen.

3. In einer leicht gefetteten Bratpfanne bei mittlerer Hitze die Fleischbällchen auf jeder Seite 5 Minuten braten, oder bis die mittleren Teile nicht mehr rosa sind. Sie können sie auch 25 Minuten im Ofen rösten

Minuten bei 400°F.

Ernährungsinformation:Kalorien 284 Fett: 9,4 g Protein: 14,2 g Natrium: 290 mg Gesamtkohlenhydrate: 36,9 g Ballaststoffe: 0,7 g

Spinat-Kirsch-Smoothie Portionen: 1

Kochzeit: 0 Minuten

Zutaten:

1 Tasse Naturkefir

1 Tasse entkernte gefrorene Kirschen

½ Tasse Babyspinatblätter

¼ Tasse zerdrückte reife Avocado

1 Esslöffel Mandelbutter

1 Stück geschälter Ingwer (1/2 Zoll)

1 TL Chiasamen

Gebrauchsanweisung:

1. Alle Zutaten in einen Mixer geben. Pulsieren, bis der Puls stabil bleibt.

2. Vor dem Servieren im Kühlschrank abkühlen lassen.

Ernährungsinformation:Kalorien 410 Gesamtfett 20 g Gesamtkohlenhydrate 47 g Nettokohlenhydrate 37 g Protein 17 g Zucker 33 g Ballaststoffe: 10 g Natrium: 169 mg

Portionen Frühstückskartoffeln: 2

Kochzeit: 15 Minuten

Zutaten:

5 Kartoffeln in Würfel schneiden

1 Löffel Öl

½ TL Knoblauchpulver

¼ Teelöffel Pfeffer

½ TL geräuchertes Paprikapulver

Gebrauchsanweisung:

1. Heizen Sie die Heißluftfritteuse 5 Minuten lang auf 400 Grad F vor.

2. Die Kartoffeln im Öl vermischen.

3. Mit Knoblauchpulver, Pfeffer und Paprika würzen.

4. Kartoffeln in den Frittierkorb legen.

5. In einer Fritteuse 15 Minuten braten.

Bananen- und Haferportionen: 1

Zutaten:

1 zerdrückte reife Banane

½ Tasse Wasser

½ Tasse Haferflocken

Gebrauchsanweisung:

1. Haferflocken und Wasser in einer mikrowellengeeigneten Schüssel abmessen und verrühren.

2. Stellen Sie die Schüssel in die Mikrowelle und erhitzen Sie sie 2 Minuten lang auf höchster Stufe.

3. Nehmen Sie die Schüssel aus der Mikrowelle, rühren Sie das Bananenpüree hinein und genießen Sie es.

<u>Ernährungsinformation:</u>Kalorien: 243, Fett: 3 g, Kohlenhydrate: 50 g, Protein: 6 g, Zucker: 20 g, Natrium: 30 mg

Bananen-Mandel-Butter-Smoothie Portionen: 1

Zutaten:

1 Esslöffel. Mandelbutter

½ Tasse Eiswürfel

½ c. abgepackter Spinat

1 mittelgroße Banane, geschält und gefroren

1 Tasse fettfreie Milch

Gebrauchsanweisung:

1. In einem leistungsstarken Mixer alle Zutaten mixen, bis eine glatte und cremige Masse entsteht.

2. Servieren und genießen.

<u>Ernährungsinformation:</u>Kalorien: 293, Fett: 9,8 g, Kohlenhydrate: 42,5 g, Protein: 13,5

g, Zucker: 12 g, Natrium: 111 mg

No-Bake-Schokoladen-Chia-Energieriegel,

Portionen: 14

Kochzeit: 0 Minuten

Zutaten:

1 ½ Tassen ganze Datteln

1/Tasse ungesüßte Kokosraspeln

1 Tasse rohe Walnussstücke

1/4 Tasse (35 g) natürliches Kakaopulver

1/2 Tasse (75 g) ganze Chiasamen

1/2 Tasse (70 g) gehackte dunkle Schokolade

1/2 Tasse (50 g) Hafer

1 Teelöffel reiner Vanilleextrakt, optional, verstärkt den Geschmack 1/4 Teelöffel unraffiniertes Meersalz

Gebrauchsanweisung:

1. Pürieren Sie die Datteln in einem Mixer, bis eine dicke Paste entsteht.

2. Walnüsse hinzufügen und verrühren.

3. Geben Sie den Rest des Reifens hinein und mischen Sie, bis eine dicke Masse entsteht.

4. Ein rechteckiges Backblech mit Backpapier auslegen. Geben Sie die Mischung gut in die Pfanne und verteilen Sie sie in jeder Ecke.

5. Bis Mitternacht für mindestens ein paar Stunden in den Gefrierschrank stellen.

6. Aus der Pfanne nehmen und in 14 Streifen schneiden.

7. In den Kühlschrank oder in einen luftdichten Behälter stellen.

Ernährungsinformation:Zucker 17 g Fett: 12 g Kalorien: 234 Kohlenhydrate: 28 g Protein: 4,5 g

Leinsamen-fruchtige Frühstücksbowl Portionen: 1

Kochzeit: 5 Minuten

Zutaten:

Für den Brei:

¼ Tasse Leinsamen, frisch gemahlen

¼ Teelöffel Zimt, gemahlen

1 Tasse Mandel- oder Kokosmilch

1 mittelgroße zerdrückte Banane

Eine Prise feinkörniges Meersalz

Für die Cover:

Blaubeeren, frisch oder aufgetaut

Walnüsse, roh gehackt

Reiner Ahornsirup (optional)

Gebrauchsanweisung:

1. Alle Porridge-Zutaten in einem mittelgroßen Topf bei mittlerer Hitze vermischen. 5 Minuten lang ständig umrühren oder bis der Brei eindickt und kocht.

2. Gießen Sie den gekochten Brei in eine Schüssel. Mit den Toppings dekorieren und etwas Ahornsirup hinzufügen, wenn man es etwas süßer mag.

<u>Ernährungsinformation:</u>Kalorien 780 Fett: 26 g Protein: 39 g Natrium: 270 mg Gesamtkohlenhydrate: 117,5 g

Portionen Haferflocken zum Frühstück im Slow Cooker: 8

Zutaten:

4 c. Mandelmilch

2 Päckchen Stevia

2 c. stahlgeschnittener Hafer

1/3 c. gehackte getrocknete Aprikosen

4 c. Wasser

1/3 Tasse getrocknete Kirschen

1 Teelöffel. Zimt

1/3 Tasse Rosinen

Gebrauchsanweisung:

1. In einem Slow Cooker alle Zutaten gut vermischen.

2. Abdecken und nach unten anpassen.

3. 8 Stunden kochen lassen.

4. Sie können dies am Vorabend einrichten, sodass Sie morgens ein fertiges Frühstück haben.

Ernährungsinformation:Kalorien: 158,5, Fett: 2,9 g, Kohlenhydrate: 28,3 g, Protein: 4,8

g, Zucker: 11 g, Natrium: 135 mg

Portionen Pumpernickelbrot: 12

Kochzeit: 2 Stunden, 30 Minuten

Zutaten:

Pumpernickelmehl – 3 Tassen

Vollkornmehl – 1 Tasse

Maismehl – 0,5 Tasse

Kakaopulver - 1 Esslöffel

Aktive Trockenhefe - 1 EL

Kümmel - 2 TL

Meersalz - 1,5 TL

Wasser, heiß – 1,5 Tassen, geteilt

Dattelpaste – 0,25 Tassen, geteilt

Avocadoöl – 1 EL

Süßkartoffelpüree – 1 Tasse

Eierwaschmittel – 1 Eiweiß + 1 EL Wasser

Gebrauchsanweisung:

1. Bereiten Sie eine 9 x 5 Zoll große Kastenform vor, indem Sie sie mit Backpapier auslegen und leicht einfetten.

2. 1 Tasse Wasser mit Maismehl in einem Topf vermischen, bis es heiß und dickflüssig ist, ca. 5 Minuten. Achten Sie darauf, während des Erhitzens weiter zu rühren, um Klumpenbildung zu vermeiden. Sobald die Masse eingedickt ist, die Pfanne vom Herd nehmen und Dattelpaste, Kakaopulver, Kümmel und Avocadoöl unterrühren. Stellen Sie den Topf beiseite, bis der Inhalt heiß ist.

3. Geben Sie die restliche halbe Tasse warmes Wasser zusammen mit der Hefe auf eine große Kochplatte und rühren Sie, bis sich die Hefe aufgelöst hat. Lassen Sie diese Mischung für das Roggenbrot etwa zehn Minuten lang stehen, bis es aufblüht und geschwollene Blasen bildet.

Dies geschieht am besten an einem warmen Ort.

4. Nachdem die Hefe gut aufgegangen ist, geben Sie die warme Mischung aus Wasser und Maismehl zusammen mit dem Süßkartoffelpüree in den Ofen.

Nachdem sich die Flüssigkeiten und die Kartoffeln vermischt haben, das Vollkornmehl und das Vollkornroggenmehl unterrühren. Kneten Sie die Mischung zehn Minuten lang, am besten mit einem Handmixer und einem Knethaken. Der Teig ist fertig wenn es eine zusammenhängende, glatte Kugel bildet, die sich vom Rand der Rührschüssel löst.

5. Entfernen Sie den Knethaken und decken Sie die Rührplatte mit Frischhaltefolie oder einem sauberen, feuchten Geschirrtuch ab. Stellen Sie die Rührschüssel an einen warmen Ort und gehen Sie etwa eine Stunde lang, bis sich das Volumen des Teigs verdoppelt hat.

6. Heizen Sie den Ofen auf 375 Grad Fahrenheit vor, um das Brot vorzubereiten.

7. Formen Sie den Teig zu einer schönen Klotzform und legen Sie ihn in die vorbereitete Kastenform. Rühren Sie das geschlagene Ei ein und streichen Sie es dann mit einem Backpinsel leicht über die Oberfläche des vorbereiteten Brotes. Falls gewünscht, können Sie das Brot mit einem scharfen Messer einritzen, um eine dekorative Gestaltung zu erzielen.

8. Legen Sie das Brot in die Mitte des heißen Ofens und backen Sie es, bis es eine schöne dunkle Farbe annimmt und beim Klopfen ein hohles Geräusch macht – etwa eine Stunde. Nehmen Sie das Vollkorn-Roggenbrot aus dem Ofen und lassen Sie es fünf Minuten lang in der Form abkühlen, bevor Sie das Vollkorn-Roggenbrot aus der Form nehmen und das Brot zum weiteren Abkühlen auf einen Rost legen. Schneiden Sie das Brot erst, wenn es vollständig kalt ist.

Portionen Kokos-Himbeer-Chia-Pudding: 4

Kochzeit: 0 Minuten

Zutaten:

¼ Tasse Chiasamen

½ Esslöffel Stevia

1 Tasse Kokosmilch, ungesüßt, Vollfett

2 Esslöffel Mandeln

¼ Tasse Himbeeren

Gebrauchsanweisung:

1. Nehmen Sie eine große Schüssel, geben Sie die Chiasamen zusammen mit Stevia und Kokosmilch hinzu, rühren Sie um, bis alles gut vermischt ist, und stellen Sie es über Nacht in den Kühlschrank, bis es eingedickt ist.

2. Den Pudding aus dem Kühlschrank nehmen, mit Mandeln und Beeren belegen und sofort servieren.

<u>Ernährungsinformation:</u>Kalorien 158, Gesamtfett 14,1 g, Gesamtkohlenhydrate 6,5 g, Protein 2 g, Zucker 3,6 g, Natrium 16 mg

Portionen Wochenend-Frühstückssalat: 4

Kochzeit: 0 Minuten

Zutaten:

Eier, vier hartgekocht

Zitrone, a

Rucola, zehn Tassen

Quinoa, 1 Tasse gekocht und abgekühlt

Olivenöl, zwei Esslöffel

Dill, gehackt, eine halbe Tasse

Gehackte Mandeln, eine Tasse

Avocado, eine große dünne Scheibe

Gehackte Gurke, eine halbe Tasse

Tomate, eine große in Scheiben schneiden

Gebrauchsanweisung:

1. Quinoa, Gurke, Tomate und Rucola mischen. Diese Zutaten leicht mit Olivenöl, Salz und Pfeffer vermischen. Übertragen Sie das Ei und die

Avocado und legen Sie es darauf. Belegen Sie jeden Salat mit Mandeln und Kräutern. Mit Zitronensaft beträufeln.

<u>Ernährungsinformation:</u>Kalorien 336 Fett 7,7 Gramm Protein 12,3 Gramm Kohlenhydrate 54,6 Gramm Zucker 5,5 Gramm Ballaststoffe 5,2 Gramm

Köstlicher vegetarischer Käsereis mit Brokkoli und Blumenkohl

Portionen: 2

Kochzeit: 7 Minuten

Zutaten:

½ Tasse gehackte Brokkoliröschen

1 ½ Tassen Blumenkohlröschen, gerieben

¼ Teelöffel Knoblauchpulver

¼ Teelöffel Salz

¼ Teelöffel zerstoßener schwarzer Pfeffer

1/8 TL gemahlene Muskatnuss

½ Esslöffel ungesalzene Butter

1/8 Tasse Mascarpone-Käse

¼ Tasse geriebener Cheddar-Käse

Gebrauchsanweisung:

1. Nehmen Sie eine mittelgroße hitzebeständige Schüssel, geben Sie alle Zutaten außer Mascarpone und Cheddar-Käse hinzu und rühren Sie um, bis alles gut vermischt ist.

2. Stellen Sie die Schüssel 5 Minuten lang in die Mikrowelle, fügen Sie dann den Käse hinzu und lassen Sie das Ganze 2 Minuten lang weitergaren.

3. Den Mascarpone-Käse in die Schüssel geben, verrühren, bis alles cremig ist, und sofort servieren.

<u>Ernährungsinformation:</u>Kalorien 138, Gesamtfett 9,8 g, Gesamtkohlenhydrate 6,6 g, Protein 7,5 g, Zucker 2,4 g, Natrium 442 mg

Portionen mediterraner Toast: 2

Zutaten:

1 ½ TL. zerbröckelter fettarmer Feta-Käse

3 Scheiben griechische Oliven

¼ zerdrückte Avocado

1 Scheibe gutes Vollkornbrot

1 Esslöffel. Geröstete Paprika Hummus

3 geschnittene Kirschtomaten

1 geschnittenes gekochtes Ei

Gebrauchsanweisung:

1. Toasten Sie zuerst das Brot und belegen Sie es mit ¼ zerdrückter Avocado und 1

Esslöffel Hummus.

2. Kirschtomaten, Oliven, gekochtes Ei und Feta-Käse hinzufügen.

3. Mit Salz und Pfeffer abschmecken.

Ernährungsinformation:Kalorien: 333,7, Fett: 17 g, Kohlenhydrate: 33,3 g, Protein: 16,3

g, Zucker: 1 g, Natrium: 700 mg

Portionen Süßkartoffel-Frühstückssalat: 2

Kochzeit: 0 Minuten

Zutaten:

1 Messlöffel Proteinpulver

¼ Tasse Blaubeeren

¼ Tasse Himbeeren

1 Banane, geschält

1 gekochte Süßkartoffel, geschält und gewürfelt

Gebrauchsanweisung:

1. Geben Sie die Kartoffel in eine Schüssel und zerdrücken Sie sie mit einer Gabel. Banane und Proteinpulver hinzufügen und gut vermischen. Die Früchte dazugeben, vermischen und kalt servieren.

2. Viel Spaß!

<u>Ernährungsinformation:</u>Kalorien 181, Fett 1, Ballaststoffe 6, Kohlenhydrate 8, Protein 11

Portionen Fake Hash Brown Breakfast Cups: 8

Zutaten:

40 g gehackte Zwiebel

8 große Eier

7 ½ g Knoblauchpulver

2 ½ g Pfeffer

170 g geriebener fettarmer Käse

170 g geriebene Süßkartoffel

2 ½ g Salz

Gebrauchsanweisung:

1. Heizen Sie den Ofen auf 400 0F vor und bereiten Sie eine Muffinform mit Förmchen vor.

2. Geben Sie geriebene Süßkartoffeln, Zwiebeln, Knoblauch und Gewürze in eine Schüssel und vermischen Sie alles gut, bevor Sie es in jede Tasse gießen. In jede Tasse ein großes Ei geben und 15 Minuten backen, bis die Eier gar sind.

3. Frisch servieren oder aufbewahren.

Ernährungsinformation:Kalorien: 143, Fett: 9,1 g, Kohlenhydrate: 6 g, Protein: 9 g, Zucker: 0 g, Natrium: 290 mg

Portionen Spinat-Pilz-Omelett: 2

Zutaten:

2 Esslöffel. Öl

2 ganze Eier

3 c. Spinat, frisch

Kochspray

10 geschnittene Baby-Bella-Pilze

8 EL. geschnittene rote Zwiebel

4 Eiweiß

2 Unzen. Ziegenkäse

Gebrauchsanweisung:

1. Eine Pfanne auf mittlere bis hohe Hitze stellen und Oliven hinzufügen.

2. Die geschnittenen roten Zwiebeln in die Pfanne geben und rühren, bis sie durchscheinend sind.

Dann die Pilze in die Pfanne geben und weiter rühren, bis sie leicht gebräunt sind.

3. Spinat hinzufügen und umrühren, bis er zusammengefallen ist. Mit etwas Pfeffer und Salz würzen. Vom Feuer nehmen.

4. Sprühen Sie einen kleinen Topf mit Kochspray ein und stellen Sie ihn auf mittlere Hitze.

5. Schlagen Sie zwei ganze Eier in eine kleine Schüssel. 4 Eiweiß hinzufügen und verrühren.

6. Gießen Sie die geschlagenen Eier in die kleine Pfanne und lassen Sie die Mischung eine Minute lang stehen.

7. Arbeiten Sie mit einem Spatel vorsichtig an den Rändern der Pfanne entlang.

Heben Sie die Pfanne an und kippen Sie sie kreisförmig nach unten und herum, sodass die flüssigen Eier die Mitte erreichen und bis zum Rand der Pfanne garen können.

8. Den zerbröckelten Ziegenkäse mit der Pilzmischung auf eine Seite des Omeletts geben.

9. Dann die andere Seite des Omeletts vorsichtig mit dem Spatel über die Pilzseite falten.

10. Lassen Sie es dreißig Sekunden lang kochen. Übertragen Sie das Omelett auf einen Teller.

Ernährungsinformation:Kalorien: 412, Fett: 29 g, Kohlenhydrate: 18 g, Protein: 25 g, Zucker: 7 g, Natrium: 1000 mg

Salat-Wraps mit Hühnchen und Gemüse: 2

Kochzeit: 15 Minuten

Zutaten:

½ Esslöffel ungesalzene Butter

¼ kg Hackfleisch

1/8 Tasse gehackte Zucchini

¼ grüne Paprika, entkernt und gehackt

1/8 Tasse gehackter gelber Kürbis

¼ einer mittelgroßen Zwiebel, gehackt

½ Löffel fein gehackter Knoblauch

Frisch gemahlener schwarzer Pfeffer nach Geschmack

¼ Teelöffel Currypulver

½ Esslöffel Sojasauce

2 große Salatblätter

½ Tasse geriebener Parmesankäse

Gebrauchsanweisung:

1. Nehmen Sie eine Bratpfanne bei mittlerer Hitze, geben Sie Butter und Hühnchen hinzu, zerbröseln Sie es und braten Sie es etwa 5 Minuten lang, bis das Hühnchen nicht mehr rosa ist.

2. Dann Zucchini, Paprika, Kürbis, Zwiebel und Knoblauch in die Pfanne geben, verrühren und 5 Minuten kochen lassen.

3. Dann mit schwarzem Pfeffer und Currypulver würzen, mit Sojasauce beträufeln, gut umrühren und 5 Minuten weiterkochen, dann beiseite stellen, bis es benötigt wird.

4. Die Wraps zusammenstellen und die Hühnermischung gleichmäßig auf jedes Salatblatt verteilen, mit Käse belegen und servieren.

5. Um die Mahlzeit zuzubereiten, geben Sie die Hühnermischung in einen luftdichten Behälter und stellen Sie sie bis zu zwei Tage in den Kühlschrank.

6. Zum Verzehr die Hühnermischung in der Mikrowelle erhitzen, bis sie warm ist, zu den Salatblättern geben und servieren.

Ernährungsinformation:Kalorien 71, Gesamtfett 6,7 g, Gesamtkohlenhydrate 4,2 g, Protein 4,8 g, Zucker 30,5 g, Natrium 142 mg

Portionen cremige Zimt-Bananen-Schüssel: 1

Kochzeit: 3 Minuten

Zutaten:

1 große Banane, reif

¼ Teelöffel Zimt, gemahlen

Eine Prise keltisches Meersalz

2 EL Kokosnussbutter, geschmolzen

Belag nach Wahl: Obst, Samen oder NüsseGebrauchsanweisung:

1. Die Banane in einer Schüssel zerdrücken. Zimt und keltisches Meersalz hinzufügen. Leg es zur Seite.

2. Kokosnussbutter in einer Pfanne bei schwacher Hitze erhitzen.

Die heiße Butter zur Bananenmischung geben.

3. Zum Servieren mit Ihren Lieblingsfrüchten, -samen oder -nüssen belegen.

Ernährungsinformation:Kalorien 564 Fett: 18,8 g Protein: 28,2 g Natrium: 230 mg Gesamtkohlenhydrate: 58,2 g Ballaststoffe: 15,9 g

Gute Körner mit Preiselbeeren und Zimtportionen: 2

Kochzeit: 35 Minuten

Zutaten:

1 Tasse Getreide (wahlweise Amaranth, Buchweizen oder Quinoa) 2 ½ Tassen Kokoswasser oder Mandelmilch

1 Zimtstange

2 Stück ganze Nelken

1 Sternanis-Schote (optional)

Frisches Obst: Äpfel, Brombeeren, Preiselbeeren, Birnen oder Kakis

Ahornsirup (optional)

Gebrauchsanweisung:

1. Die Körner, das Kokoswasser und die Gewürze in einer Pfanne aufkochen. Abdecken und die Hitze auf mittlere bis niedrige Stufe reduzieren. 25 Minuten kochen lassen.

2. Zum Servieren mit Gewürzen vermengen und mit Fruchtscheiben belegen. Nach Belieben mit Ahornsirup beträufeln.

Ernährungsinformation:Kalorien 628 Fett: 20,9 g Protein: 31,4 g Natrium: 96 mg Gesamtkohlenhydrate: 112,3 g Ballaststoffe: 33,8 g

Frühstückomelettportionen: 2

Kochzeit: 10 Minuten

Zutaten:

2 Eier, geschlagen

1 gehackte Frühlingszwiebel

½ Tasse Champignons, in Scheiben geschnitten

1 rote Paprika, gewürfelt

1 TL Kräutergewürz

Gebrauchsanweisung:

1. Die Eier in einer Schüssel verquirlen. Die restlichen Zutaten vermischen.

2. Gießen Sie die Eimischung in eine kleine ofenfeste Form. Stellen Sie die Pfanne in den Korb der Heißluftfritteuse.

3. Im Heißluftfritteusenkorb 10 Minuten bei 350 Grad F backen.

Ernährungsinformation:Kalorien 210 Kohlenhydrate: 5 g Fett: 14 g Protein: 15 g

Portionen Vollkorn-Sandwichbrot: 12

Kochzeit: 3 Stunden, 20 Minuten

Zutaten:

Weißes Vollkornmehl – 3,5 Tassen

Extra natives Olivenöl – 0,25 Tasse

Dattelpaste – 0,25 Tasse

Optionale Milch, warm – 1.125 Tassen

Meersalz – 1,25 TL

Aktive Trockenhefe - 2,5 TL

Gebrauchsanweisung:

1. Bereiten Sie eine 9 x 5 Zoll große Kastenform vor, indem Sie sie mit Backpapier auslegen und leicht einfetten.

2. In einer großen feuerfesten Mischung alle Zutaten mit einem Spatel vermischen. Lassen Sie den Inhalt nach dem Mischen 30 Minuten lang ruhen.

3. Beginnen Sie mit dem Kneten des Teigs, bis er glatt, elastisch und geschmeidig ist –

etwa sieben Minuten. Sie können dies durch Kneten mit der Hand tun, aber die Verwendung eines Handmixers und eines Knethakens ist die einfachste Methode.

4. Decken Sie den gekneteten Teig in der zuvor verwendeten Kuchenform mit Frischhaltefolie oder einem sauberen, feuchten Küchentuch ab und lassen Sie ihn an einem warmen Ort etwa ein bis zwei Stunden lang aufgehen, bis sich sein Volumen verdoppelt hat.

5. Rollen Sie den Teig vorsichtig aus und formen Sie ihn zu einer schönen Rolle, bevor Sie ihn in die vorbereitete Kastenform legen. Decken Sie die Pfanne mit der zuvor verwendeten Plastikfolie oder dem Handtuch ab und lassen Sie den Teig an einem warmen Ort noch ein bis zwei Stunden gehen, bis sich sein Volumen verdoppelt hat.

6. Wenn das Brot fast fertig ist, heizen Sie den Ofen auf 350 Grad Fahrenheit vor.

7. Nehmen Sie den Deckel vom aufgegangenen Brot ab und legen Sie es in die Mitte des heißen Ofens. Legen Sie die Folie vorsichtig über das Brot, ohne es zu entleeren, damit es nicht zu schnell braun wird. Lassen Sie das Brot auf diese Weise fünfunddreißig bis vierzig Minuten lang backen, bevor Sie die Folie entfernen und das Brot zwanzig Minuten lang weiterbacken. Das Brot ist fertig, wenn es eine schöne goldene Farbe annimmt und beim Klopfen hohl klingt.

8. Lassen Sie das Mürbeteiggebäck fünf Minuten in der Form abkühlen, bevor Sie es aus dem Metall nehmen und zum Abkühlen auf einen Rost legen. Lassen Sie das Brot vollständig abkühlen, bevor Sie es anschneiden.

Geschreddertes Hähnchengyros

Zutaten:

2 mittelgroße Zwiebeln, in Scheiben geschnitten

6 Knoblauchzehen, fein gehackt

1 Teelöffel Zitronenpfefferaroma

1 Teelöffel getrockneter Oregano

1/2 TL gemahlener Piment

1/2 Tasse Wasser

1/2 Tasse Zitronensaft

1/4 Tasse Rotweinessig

2 EL Olivenöl

2 Pfund Hähnchenbrust ohne Knochen und ohne Haut

8 ganze Fladenbrote

Beilagen nach Belieben: Tzatziki-Sauce, geriebener Salat und geschnittene Tomaten, Gurken und Zwiebeln

Gebrauchsanweisung:

1. In einem 3-qt. Slow Cooker, konsolidieren Sie die ersten 9 Parteien; beinhaltet Hühnchen. Sicher 3-4 Stunden lang auf niedriger Stufe garen oder bis das Hähnchen zart ist (ein Thermometer sollte mindestens 165 °C anzeigen).

2. Nehmen Sie das Hähnchen vom mäßigen Herd. Mit 2 Gabeln zerkleinern; Zurück zum Slow Cooker. Schaufeln Sie die Hühnermischung mit einer Zange in das Fladenbrot. Geschenk mit Zubehör.

Portionen Süßkartoffelsuppe: 6

Kochzeit: 15 Minuten

Zutaten:

2 EL Olivenöl

1 mittelgroße Zwiebel, gehackt

1 Dose grüner Pfeffer

1 TL gemahlener Kreuzkümmel

1 Teelöffel gemahlener Ingwer

1 TL Meersalz

4 Tassen Süßkartoffeln, geschält und gehackt 4 Tassen natriumarme Bio-Gemüsebrühe 2 Esslöffel gehackter frischer Koriander

6 Esslöffel griechischer Joghurt

Gebrauchsanweisung:

1. Olivenöl bei mittlerer Hitze in einem großen Topf erhitzen. Die Zwiebel dazugeben und anbraten, bis sie weich ist. Grünen Pfeffer und Gewürze hinzufügen und 2 Minuten kochen lassen.

2. Süßkartoffel und Gemüsebrühe hinzufügen und zum Kochen bringen.

3. 15 Minuten kochen lassen.

4. Gehackten Koriander hinzufügen.

5. Die Hälfte der Suppe pürieren, bis eine glatte Masse entsteht. Mit der restlichen Suppe zurück in den Topf geben.

6. Bei Bedarf mit zusätzlichem Meersalz würzen und mit einem Klecks griechischem Joghurt belegen.

<u>Ernährungsinformation:</u>Gesamtkohlenhydrate: 33 g, Ballaststoffe: 5 g, Protein: 6 g, Gesamtfett: 5 g, Kalorien: 192

Zutaten für Quinoa-Burrito-Bowls:

1 Formel Koriander-Zitronen-Quinoa

Für die schwarzen Bohnen:

1 Dose schwarze Bohnen

1 TL gemahlener Kreuzkümmel

1 Teelöffel getrockneter Oregano

Salz, nach Geschmack

Für den Kirschtomaten-Pico de Gallo:

1 16-Unzen-Kirschtomate oder sonnengetrocknete Traubentomate, gewürfelt 1/2 Tasse gewürfelte rote Zwiebel

1 Esslöffel gehackter Jalapenopfeffer (nach Belieben Rippen und Kerne entfernen)

1/2 Tasse gehackter knackiger Koriander

2 Esslöffel Limettensaft

Salz, nach Geschmack

Für die Partys:

geschnittene Jalapeños

1 Avocado, gewürfelt

Gebrauchsanweisung:

1. Quinoa mit Zitrone und Koriander zubereiten und warm halten.

2. Die schwarzen Bohnen und ihre Flüssigkeit mit Kreuzkümmel und Oregano bei mittlerer Hitze in einen Soßentopf geben. Gelegentlich umrühren, bis die Bohnen heiß sind. Abschmecken und nach Belieben salzen.

3. Die Zutaten für die Kirschtomate Pico de Gallo in einer Schüssel vermengen und gut vermischen.

4. Um die Burritoschalen zusammenzustellen, verteilen Sie den Quinoa mit Limette und Koriander auf vier Teller. Jeweils ein Viertel der schwarzen Bohnen dazugeben. Mit Kirschtomaten-Pico de Gallo, eingelegten Jalapenos und Avocado belegen.

Anerkennen!

5. Hinweis:

6. Alle Bestandteile dieser Gerichte können frühzeitig zubereitet und zum Zeitpunkt des Essens gesammelt werden. Sie können Quinoa und Bohnen erhitzen oder bei Zimmertemperatur genießen. Ich mache die Abschnitte gerne am Wochenende, damit ich unter der Woche Quinoa-Burrito-Bowls zum Mittagessen genießen kann.

Brokkoli mit Mandeln: 6

Kochzeit: 5 Minuten

Zutaten:

1 frische rote Paprika, entkernt und fein gehackt 2 Bund Brokkoli, geputzt

1 Esslöffel natives Olivenöl extra

2 Knoblauchzehen, in dünne Scheiben geschnitten

1/4 Tasse rohe Mandeln, grob gehackt

2 Teelöffel Zitronenschale, fein gerieben

4 Sardellen in Öl, gehackt

Etwas frischer Zitronensaft

Gebrauchsanweisung:

1. Etwas Öl in einer Pfanne erhitzen. Fügen Sie 2 Teelöffel Zitronenschale, abgetropfte Sardellen, gehacktes Paprikapulver und dünn geschnittene Knoblauchzehen hinzu.

Unter ständigem Rühren etwa 30 Sekunden kochen lassen.

2. 1/4 Tasse grob gehackte Mandeln hinzufügen und eine Minute kochen lassen.

Schalten Sie den Herd aus und gießen Sie den Zitronensaft darüber.

3. Stellen Sie den Dampfgareinsatz über einen Topf mit kochendem Wasser. Den Brokkoli in einen Korb geben und abdecken.

4. Kochen, bis sie weich sind, etwa 3-4 Minuten. Abtropfen lassen und in eine Servierschüssel geben.

5. Mit der Mandelmischung belegen und genießen!

Ernährungsinformation:414 Kalorien, 6,6 g Fett, 1,6 g Gesamtkohlenhydrate, 5,4 g Protein

Zutaten für das Quinoa-Gericht:

1/2 Tasse Quinoa, getrocknet

2 EL Avocado- oder Kokosöl

2 Knoblauchzehen, zerdrückt

1/2 Tasse Mais, konserviert oder gestärkt

3 große Paprika, in Scheiben geschnitten

1/2 mittelgroße Jalapenopfeffer, entkernt und gehackt, 1 Esslöffel Kreuzkümmel

15 Unzen dunkle Kidneybohnen aus der Dose, gewaschen und abgetropft 1 Tasse Koriander, fein gehackt und geteilt 1/2 Tasse Frühlingszwiebeln, fein gehackt und geteilt 2 Tassen Tex-Mex-Cheddar, zerkleinert und getrennt 3/4 Tasse Kokosmilch aus der Dose

1/4 Teelöffel Salz

Gebrauchsanweisung:

1. Quinoa nach Packungsanweisung kochen und an einem sicheren Ort aufbewahren. Das Hähnchen auf 350 Grad F vorheizen.

2. Einen großen antihaftbeschichteten Tontopf bei mittlerer Hitze vorheizen und das Öl darin verrühren. Fügen Sie den Knoblauch hinzu und kochen Sie

ihn 30 Sekunden lang unter regelmäßigem Rühren. Mais, Chilischoten, Jalapenos und Kreuzkümmel hinzufügen. Mischen und ohne Rühren 3 Minuten anbraten, erneut mischen und weitere 3 Minuten anbraten.

3. Zusammen mit gekochtem Quinoa, schwarzen Bohnen, 3/4 Tasse Koriander, 1/4 Tasse Frühlingszwiebeln, 1/2 Tasse Cheddar-Käse, Kokosmilch und Salz in eine große Schüssel geben. Gut vermischen, in eine 8 x 11 große Auflaufform geben, mit der restlichen 1/2 Tasse Cheddar-Käse bestreuen und 30 Minuten lang erneut erhitzen, damit es sichtbar wird.

4. Vom Grill nehmen, mit 1/4 Tasse Koriander und 1/4 Tasse Zwiebel bestreuen. Heiß servieren

Portionen einfacher Eiersalat: 2

Kochzeit: 0 Minuten

Zutaten:

6 Bio-Weideeier, hartgekocht

1 Avocado

¼ Tasse griechischer Joghurt

2 EL Olivenöl-Mayonnaise

1 Teelöffel frischer Dill

Meersalz nach Geschmack

Salat zum Servieren

Gebrauchsanweisung:

1. Hartgekochte Eier und Avocado zerdrücken.

2. Griechischen Joghurt, Olivenöl-Mayonnaise und frischen Dill hinzufügen.

3. Mit Meersalz würzen. Auf einem Salatbett servieren.

<u>Ernährungsinformation:</u>Gesamtkohlenhydrate: 18 g, Ballaststoffe: 10 g, Protein: 23 g, Gesamtfett: 38 g, Kalorien: 486

Portionen weiße Bohnen-Chili: 4

Kochzeit: 20 Minuten

Zutaten:

¼ Tasse natives Olivenöl extra

2 kleine Zwiebeln, in ¼-Zoll-Würfel geschnitten

2 Stangen Sellerie, in dünne Scheiben geschnitten

2 kleine Karotten, geschält und in dünne Scheiben geschnitten

2 Knoblauchzehen, fein gehackt

2 Teelöffel gemahlener Kreuzkümmel

1½ TL getrockneter Oregano

1 Teelöffel Salz

¼ TL frisch gemahlener schwarzer Pfeffer

3 Tassen Gemüsebrühe

1 (15 ½ oz) weiße Kidneybohnen, abgetropft und abgespült ¼ fein gehackte frische Petersilie

2 Teelöffel geriebene oder gehackte Zitronenschale

Gebrauchsanweisung:

1. Öl bei starker Hitze in einem Schmortopf erhitzen.

2. Zwiebel, Sellerie, Karotte und Knoblauch hinzufügen und 5 bis 8 Minuten anbraten, bis sie weich sind.

3. Kreuzkümmel, Oregano, Salz und Pfeffer hinzufügen und ca. 5 Minuten kochen, um die Gewürze zu schütteln. 1 Minute.

4. Die Brühe hinzufügen und zum Kochen bringen.

5. Zum Kochen bringen, Bohnen hinzufügen und teilweise abgedeckt und gelegentlich umrühren 5 Minuten kochen, damit sich Aromen entwickeln.

6. Petersilie und Zitronenschale unterrühren und servieren.

Ernährungsinformation:Kalorien 300 Gesamtfett: 15 g Gesamtkohlenhydrate: 32 g Zucker: 4 g Ballaststoffe: 12 g Protein: 12 g Natrium: 1183 mg

Portionen Thunfisch mit Zitrone: 4

Kochzeit: 18 Minuten

Zutaten:

4 Thunfischsteaks

1 Esslöffel Olivenöl

½ TL geräuchertes Paprikapulver

¼ Teelöffel schwarzer Pfeffer, zerstoßen

1 Zitronensaft

4 gehackter Schnittlauch

1 Esslöffel Schnittlauch, fein gehackt

Gebrauchsanweisung:

1. Eine Pfanne mit Öl bei mittlerer Hitze erhitzen, den Schnittlauch hinzufügen und 2 Minuten braten.

2. Die Thunfischsteaks dazugeben und auf jeder Seite 2 Minuten grillen.

3. Die restlichen Zutaten hinzufügen, vorsichtig vermischen, die Pfanne in den Ofen stellen und 12 Minuten bei 180 °C backen.

4. Alles auf Teller verteilen und zum Mittagessen servieren.

Ernährungsinformation:Kalorien 324, Fett 1, Ballaststoffe 2, Kohlenhydrate 17, Protein 22

Portionen Tilapia mit Spargel und Eichelkürbis: 4

Kochzeit: 30 Minuten

Zutaten:

2 EL natives Olivenöl extra

1 mittelgroßer Eichelkürbis, entkernt und in dünne Scheiben oder Würfel geschnitten, 1 Pfund Spargel, von den holzigen Enden befreit und in 5 cm große Stücke geschnitten

1 große Schalotte, in dünne Scheiben geschnitten

1 Kilo Tilapiafilet

½ Tasse Weißwein

1 Esslöffel gehackte frische Petersilie 1 Teelöffel Salz

¼ TL frisch gemahlener schwarzer Pfeffer

Gebrauchsanweisung:

1. Ofen auf 400 °F vorheizen. Fetten Sie das Backblech mit Öl ein.

2. Kürbis, Spargel und Schalotten in einer Schicht auf Backpapier legen. 8 bis 10 Minuten backen.

3. Den Tilapia hinzufügen und den Wein hinzufügen.

4. Mit Petersilie, Salz und Pfeffer bestreuen.

5. 15 Minuten backen. Herausnehmen, 5 Minuten ruhen lassen und servieren.

Ernährungsinformation:Kalorien: 246 Gesamtfett: 8 g Gesamtkohlenhydrate: 17 g Zucker: 2 g Ballaststoffe: 4 g Protein: 25 g Natrium: 639 mg

Füllung aus gebratenem Hähnchen mit Oliven, Tomaten und Basilikum

Portionen: 4

Kochzeit: 45 Minuten

Zutaten:

8 Hähnchenschenkel

kleine italienische Tomaten

1 Esslöffel schwarzer Pfeffer und Salz

1c Olivenölsuppe

15 Basilikumblätter (groß)

kleine schwarze Oliven

1-2 frische rote Paprikaflocken

Gebrauchsanweisung:

1. Die Hähnchenstücke mit allen Gewürzen und Öl marinieren und eine Weile ruhen lassen.

2. Hähnchenstücke in eine geriffelte Pfanne geben und mit Tomaten, Basilikumblättern, Oliven und Chiliflocken füllen.

3. Braten Sie dieses Hähnchen im vorgeheizten Ofen (bei 220 °C) 40 Minuten lang

Protokoll.

4. Kochen, bis das Huhn zart ist und die Tomaten, das Basilikum und die Oliven gar sind.

5. Mit frischer Petersilie und Zitronenschale garnieren.

Ernährungsinformation:Kalorien 304 Kohlenhydrate: 18 g Fett: 7 g Protein: 41 g

Ratatouille-Portionen: 8

Kochzeit: 25 Minuten

Zutaten:

1 Zucchini, mittelgroß und gewürfelt

3 EL. Natives Olivenöl extra

2 Paprika, gewürfelt

1 gelber Kürbis, mittelgroß und gewürfelt

1 Zwiebel, groß und gewürfelt

28 Unzen. Ganze Tomaten, geschält

1 Aubergine, mittelgroß und mit Schale gewürfelt, nach Bedarf salzen und pfeffern

4 Zweige Thymian, frisch

5 fein gehackte Knoblauchzehen

Gebrauchsanweisung:

1. Erhitzen Sie zunächst eine große Pfanne bei mittlerer bis hoher Hitze.

2. Wenn es heiß ist, Öl, Zwiebel und Knoblauch hinzufügen.

3. Die Zwiebelmischung 3 bis 5 Minuten anbraten, bis sie weich ist.

4. Dann Aubergine, Pfeffer, Thymian und Salz in der Pfanne vermischen. Gut mischen.

5. Nun weitere 5 Minuten kochen lassen oder bis die Aubergine weich ist.

6. Dann Zucchini, Paprika und Kürbis in die Pfanne geben und weitere 5 Minuten kochen lassen. Dann die Tomaten dazugeben und gut vermischen.

7. Nachdem Sie alles hinzugefügt haben, rühren Sie gut um, bis alles eingearbeitet ist. 15 Minuten kochen lassen.

8. Überprüfen Sie abschließend die Gewürze und fügen Sie bei Bedarf noch mehr Salz und Pfeffer hinzu.

9. Mit Petersilie und gemahlenem schwarzem Pfeffer garnieren.

Ernährungsinformation:Kalorien: 103 kcal, Protein: 2 g, Kohlenhydrate: 12 g, Fett: 5 g

Portionen Hühnerfleischbällchensuppe: 4

Kochzeit: 30 Minuten

Zutaten:

2 Pfund Hähnchenbrust, ohne Haut, ohne Knochen und gehackt, 2 Esslöffel gehackter Koriander

2 Eier, geschlagen

1 Knoblauchzehe, fein gehackt

¼ Tasse Frühlingszwiebel, gehackt

1 gelbe Zwiebel, gehackt

1 Karotte, in Scheiben geschnitten

1 Esslöffel Olivenöl

5 Tassen Hühnerbrühe

1 Esslöffel Petersilie, fein gehackt

Eine Prise Salz und schwarzer Pfeffer

Gebrauchsanweisung:

1. In einer Schüssel das Fleisch mit den Eiern und den anderen Zutaten außer dem Öl, der gelben Zwiebel, der Brühe und der Petersilie vermischen, umrühren und aus dieser Mischung mittelgroße Fleischbällchen formen.

2. Eine Pfanne mit Olivenöl bei mittlerer Hitze erhitzen, gelbe Zwiebeln und Fleischbällchen hinzufügen und 5 Minuten anbraten.

3. Die restlichen Zutaten hinzufügen, vermischen, zum Kochen bringen und weitere 25 Minuten bei mittlerer Hitze kochen.

4. Die Suppe in Schüsseln füllen und servieren.

Ernährungsinformation:Kalorien 200, Fett 2, Ballaststoffe 2, Kohlenhydrate 14, Protein 12

Krautsalat und Orangensalat mit Zitrusvinaigrette

Portionen: 8

Kochzeit: 0 Minuten

Zutaten:

1 TL Orangenschale, gerieben

2 Esslöffel natriumarme Gemüsebrühe, je 1 Teelöffel Apfelessig

4 Tassen Rotkohl, gehackt

1 Teelöffel Zitronensaft

1 Fenchelzwiebel, in dünne Scheiben geschnitten

1 Teelöffel Balsamico-Essig

1 Teelöffel Himbeeressig

2 EL frischer Orangensaft

2 Orangen, geschält, in Stücke geschnitten

1 Löffel Honig

1/4 Teelöffel Salz

frisch gemahlener Pfeffer

4 Teelöffel Olivenöl

Gebrauchsanweisung:

1. Zitronensaft, Orangenschale, Apfelessig, Salz und Pfeffer, Brühe, Olivenöl, Honig, Orangensaft, Balsamico-Essig und Himbeeren in eine Schüssel geben und verquirlen.

2. Orangen, Fenchel und Kohl extrahieren. Schießen Sie auf die Beschichtung.

Ernährungsinformation:Kalorien 70 Kohlenhydrate: 14 g Fett: 0 g Protein: 1 g

Portionen Tempeh-Steaks und Wurzelgemüse: 4

Kochzeit: 30 Minuten

Zutaten:

1 Esslöffel natives Olivenöl extra

1 große Süßkartoffel, gewürfelt

2 Karotten, in dünne Scheiben geschnitten

1 Fenchelzwiebel, geputzt und in ¼-Zoll-Würfel geschnitten, 2 Teelöffel fein gehackter frischer Ingwer

1 Knoblauchzehe, fein gehackt

12 Unzen Tempeh, in ½-Zoll-Würfel geschnitten

½ Tasse Gemüsebrühe

1 Esslöffel glutenfreie Tamari- oder Sojasauce 2 dünn geschnittene Zwiebeln

Gebrauchsanweisung:

1. Ofen auf 400 °F vorheizen. Eine ofenfeste Form mit Öl einfetten.

2. Süßkartoffel, Karotte, Fenchel, Ingwer und Knoblauch in einer Schicht auf das Backblech legen.

3. Etwa 15 Minuten kochen, bis das Gemüse weich ist.

4. Tempeh, Brühe und Tamari hinzufügen.

5. Nochmals 10 bis 15 Minuten backen, bis das Tempeh durchgeheizt und leicht gebräunt ist.

6. Den Schnittlauch dazugeben, gut vermischen und servieren.

Ernährungsinformation:Kalorien: 276 Gesamtfett: 13 g Gesamtkohlenhydrate: 26 g Zucker: 5 g Ballaststoffe: 4 g Protein: 19 g Natrium: 397 mg

Portionen grüne Suppe: 2

Kochzeit: 5 Minuten

Zutaten:

1 Tasse Wasser

1 Tasse Spinat, frisch und verpackt

½ von 1 Zitrone, geschält

1 Zucchini, klein und gehackt

2 Esslöffel. Petersilie, frisch und gehackt

1 Stange gehackter Sellerie

Meersalz und schwarzer Pfeffer nach Bedarf

½ von 1 Avocado, reif

¼ Tasse Basilikum

2 Esslöffel. Chiasamen

1 Knoblauchzehe, fein gehackt

Gebrauchsanweisung:

1. Um diese einfach zu mixende Suppe zuzubereiten, geben Sie alle Zutaten in einen Hochgeschwindigkeitsmixer und verarbeiten Sie sie 3 Minuten lang oder bis eine glatte Masse entsteht.

2. Anschließend kann es kalt serviert oder bei schwacher Hitze einige Minuten erhitzt werden.

Ernährungsinformation:Kalorien: 250 Kcal Proteine: 6,9 g Kohlenhydrate: 18,4 g Fett: 18,1 g

Zutaten für Peperoni-Pizzabrot:

1 Portion (1 Pfund) Clotted-Brot-Mischung, aufgetaut, 2 große Eier, isoliert

1 Esslöffel geriebener Parmesan-Cheddar

1 Esslöffel Olivenöl

1 TL gehackte, knackige Petersilie

1 Teelöffel getrockneter Oregano

1/2 TL Knoblauchpulver

1/4 TL Pfeffer

8 Unzen geschnittene Peperoni

2 Tassen geriebener, teilentrahmter Mozzarella-Käse, 1 Dose (4 Unzen) Pilzstiele und -streifen, abgetropft, 1/4 bis 1/2 Tasse gepökelte Paprikaringe

1 mittelgroße grüne Paprika, gewürfelt

1 Dose (2-1/4 Unzen) geschnittene vorgekochte Oliven

1 Schachtel (15 Gramm) Pizzasauce

Gebrauchsanweisung:

1. Den Backofen auf 350° vorheizen. Den Teig auf einem gefetteten Backblech zu einem 15 x 10 Zoll großen Teig formen. quadratische Form. In

einer kleinen Schüssel Eigelb, Parmesan-Cheddar, Olivenöl, Petersilie, Oregano, Knoblauchpulver und Pfeffer vermischen. Die Mischung bestreichen.

2. Peperoni, Cheddar-Mozzarella, Pilze, Paprikascheiben, grüne Paprika und Oliven darüberstreuen. Bewegen Sie sich nach oben, im Jam-Move-Stil, beginnend mit einer langen Seite; Quetschfalte zum Versiegeln und Falten der Kanten darunter.

3. Platzieren Sie das Teil mit der Falte nach unten; Mit Eiweiß bestreichen.

Versuchen Sie, es nicht wachsen zu lassen. Bereiten Sie es vor, bis es eine glänzende dunkle Farbe hat und die Mischung 35–40 Minuten lang durchgegart ist. Erhitzen Sie die Pizzasauce; Geschenk mit angeschnittener Portion.

4. Einfriermöglichkeit: Die Pizzaportion ohne Scheiben einfrieren und in Alufolie gekühlt einfrieren. Zur Verwendung 30 Minuten vor dem Aufwärmen aus dem Kühlschrank nehmen. Vom Boden nehmen und einen Teil auf einem gefetteten Backblech in einem vorgeheizten 325°-Grill erhitzen, bis er durchgeheizt ist. Wie vereinbart ausfüllen.

Rote-Bete-Gazpacho-Portionen: 4

Kochzeit: 10 Minuten

Zutaten:

1 x 20 oz. Dose Great Northern Beans, abgespült und abgetropft, ¼ TL. koscheres Salz

1 Esslöffel. Natives Olivenöl extra

½ TL. Knoblauch, frisch und fein gehackt

1 x 6 oz. Beutel mit rosa Lachsflocken

2 Esslöffel. Zitronensaft, frisch gepresst

4 Frühlingszwiebeln, in dünne Scheiben geschnitten

½ TL. gemahlener schwarzer Pfeffer

½ TL. abgeriebene Zitronenschale

¼ Tasse frische, gehackte glatte Petersilie

Gebrauchsanweisung:

1. Zuerst Zitronenschale, Olivenöl, Zitronensaft, schwarzen Pfeffer und Knoblauch in eine mittelgroße Schüssel geben und mit einem Schneebesen vermischen.

2. Bohnen, Zwiebeln, Lachs und Petersilie in eine andere mittelgroße Schüssel geben und gut vermischen.

3. Anschließend die Zitronensaftsauce über die Bohnenmischung gießen.

Gut verrühren, bis die Soße die Bohnenmischung bedeckt.

4. Servieren und genießen.

Ernährungsinformation:Kalorien: 131 kcal, Proteine: 1,9 g, Kohlenhydrate: 14,8 g, Fett: 8,5 g

Zutaten für frittierte Zucchini-Rigatoni:

1 große Zucchini

3 Knoblauchzehen

2 Esslöffel. Öl

1 Pfund Rigatoni

1/2 Tasse Sahne

3 c. gebrochene Fontina

2 Esslöffel. gehackter knackiger Salbei

1 Esslöffel. Salz

1 Teelöffel. natürlich gemahlener Pfeffer

1 Tasse Panko-Semmelbrösel

Gebrauchsanweisung:

1. Hähnchen auf 200 °C vorheizen. In der Zwischenzeit Kürbis, Knoblauch und Olivenöl zum Bestreichen in eine große Schüssel geben. Auf einem großen Backblech mit Rand verteilen und die Form herausnehmen, bis es weich ist, etwa 60 Minuten.

Stellen Sie den Behälter auf einen Rost und lassen Sie ihn leicht abkühlen (ca. 10 °C).

Protokoll. Drehen Sie den Ofen auf 350 Grad F herunter.

2. In der Zwischenzeit einen großen Topf mit Salzwasser zum Sieden erhitzen und die Rigatoni nach Anleitung kochen. Kanalisieren und an einem sicheren Ort aufbewahren.

3. Den Kürbis mit der Sahne mit einem Mixer oder einer Küchenmaschine glatt rühren.

4. Das Kürbispüree mit Rigatoni, 2 Tassen Fontina, Petersilie, Salz und Pfeffer in eine große Schüssel geben. Den Boden und die Seiten einer 9 x 13 Zoll großen Zubereitungsform mit Olivenöl bestreichen. Die Rigatoni-Kürbis-Mischung auf den Teller geben.

5. Restliche Fontina und Panko in einer kleinen Schüssel vermengen. Über die Nudeln streuen und 20 bis 25 Minuten erhitzen, bis es dunkel wird.

Capellini-Suppe mit Tofu und Garnelen: 8

Kochzeit: 20 Minuten

Zutaten:

4 Tassen Pak Choi, in Scheiben geschnitten

1/4 Pfund Garnelen, geschält, entdarmt

1 Block fester Tofu, in Quadrate geschnitten

1 Schachtel geschnittene Wasserkastanien, abgetropft

1 Bund Schnittlauch, in Scheiben geschnitten

2 Tassen natriumreduzierte Hühnerbrühe

2 Teelöffel Sojasauce, reduzierter Natriumgehalt

2 Tassen Capellini

2 Teelöffel Sesamöl

Frisch gemahlener weißer Pfeffer

1 Teelöffel Reisweinessig

Gebrauchsanweisung:

1. Brühe bei mittlerer bis hoher Hitze in einen Topf gießen. Kochen. Garnelen, Pak Choi, Öl und Soße hinzufügen. Lassen Sie es kochen und reduzieren Sie die Hitze. 5 Minuten kochen lassen.

2. Wasserkastanien, Pfeffer, Essig, Tofu, Capellini und Zwiebeln hinzufügen. 5 Minuten kochen lassen oder bis die Capellini fast zart sind.

Heiß servieren.

<u>Ernährungsinformation:</u>Kalorien 205 Kohlenhydrate: 20 g Fett: 9 g Protein: 9 g

Portionen gebutterter Garnelenreis mit Zitrone:

3

Kochzeit: 10 Minuten

Zutaten:

¼ Tasse gekochter Wildreis

½ TL. geteilte Butter

¼ TL. Öl

1 Tasse rohe Garnelen, geschält, abgetropft, ¼ Tasse gefrorene Erbsen, aufgetaut, abgespült, abgetropft

1 Esslöffel. Zitronensaft, frisch gepresst

1 Esslöffel. gehackten Schnittlauch

Eine Prise Meersalz nach Geschmack

Gebrauchsanweisung:

1. ¼ TL einschenken. Butter und Öl im Wok bei mittlerer Hitze erhitzen. Garnelen und Erbsen hinzufügen. Kochen, bis die Garnelen korallenrosa sind, etwa 5 bis 7

Protokoll.

2. Den Wildreis dazugeben und kochen, bis er durchgewärmt ist – mit Salz und Butter würzen.

3. Auf einen Teller geben. Schnittlauch und Zitronensaft darüber streuen.

Aufschlag.

Ernährungsinformation:Kalorien 510 Kohlenhydrate: 0 g Fett: 0 g Protein: 0 g

Gebackene Garnelen mit Zitrone mit Zucchini und Mais Portionen: 4

Kochzeit: 20 Minuten

Zutaten:

1 Esslöffel natives Olivenöl extra

2 kleine Zucchini, in ¼-Zoll-Würfel geschnitten

1 Tasse gefrorener Mais

2 Frühlingszwiebeln, in dünne Scheiben geschnitten

1 Teelöffel Salz

½ TL gemahlener Kreuzkümmel

½ TL Chipotle-Pfefferpulver

1 Pfund geschälte Garnelen, bei Bedarf aufgetaut

1 Esslöffel fein gehackter frischer Koriander

Schale und Saft von 1 Limette

Gebrauchsanweisung:

1. Ofen auf 400 °F vorheizen. Fetten Sie das Backblech mit Öl ein.

2. Zucchini, Mais, Zwiebel, Salz, Kreuzkümmel und Chilipulver in einer Auflaufform vermengen und gut vermischen. In einer einzigen Schicht anordnen.

3. Garnelen darauf legen. 15 bis 20 Minuten backen.

4. Koriander, Limettenschale und -saft hinzufügen, umrühren und servieren.

Ernährungsinformation:Kalorien: 184 Gesamtfett: 5 g Gesamtkohlenhydrate: 11 g Zucker: 3 g Ballaststoffe: 2 g Protein: 26 g Natrium: 846 mg

Portionen Blumenkohlsuppe: 10

Kochzeit: 10 Minuten

Zutaten:

¾ Tasse Wasser

2 Teelöffel Olivenöl

1 Zwiebel, gewürfelt

1 Kopf Blumenkohl, nur Röschen

1 Dose ganze Kokosmilch

1 Teelöffel Safran

1 Teelöffel Ingwer

1 Teelöffel roher Honig

Gebrauchsanweisung:

1. Alle Zutaten in einen großen Topf geben und etwa 10 Minuten kochen lassen

Protokoll.

2. Die Suppe mit einem Stabmixer pürieren und glatt rühren.

Aufschlag.

<u>Ernährungsinformation:</u>Gesamtkohlenhydrate: 7 g Ballaststoffe: 2 g Nettokohlenhydrate: Protein: 2 g Gesamtfett: 11 g Kalorien: 129

Süßkartoffel- und schwarze Bohnenburger: 6

Kochzeit: 10 Minuten

Zutaten:

1/2 Jalapeno, entkernt und gewürfelt

1/2 Tasse Quinoa

6 Vollkorn-Hamburgerbrötchen

1 Dose schwarze Bohnen, gewaschen und abgetropft

Olivenöl/Kokosöl zum Kochen

1 Süßkartoffel

1/2 Tasse rote Zwiebel, gewürfelt

4 EL glutenfreies Hafermehl

2 Knoblauchzehen, fein gehackt

2 Teelöffel scharfes Cajun-Gewürz

1/2 Tasse Koriander, gehackt

1 TL Kreuzkümmel

Knospen

Salz, nach Geschmack

Pfeffer, nach Geschmack

Für die Creme:

2 Esslöffel Koriander, gehackt

1/2 reife Avocado, gewürfelt

4 Esslöffel fettarme saure Sahne/normaler griechischer Joghurt 1 Teelöffel Zitronensaft

Gebrauchsanweisung:

1. Waschen Sie die Quinoa unter fließendem kaltem Wasser. Geben Sie ein Glas Wasser in einen Topf und erhitzen Sie es. Quinoa hinzufügen und zum Kochen bringen.

2. Abdecken und bei schwacher Hitze ca. 15 Minuten kochen, bis das gesamte Wasser aufgesogen ist.

3. Schalten Sie den Herd aus und lockern Sie den Quinoa mit einer Gabel auf. Dann den Quinoa in eine Schüssel geben und 5 bis 10 Minuten abkühlen lassen.

4. Stechen Sie die Kartoffel mit einer Gabel ein und kochen Sie sie einige Minuten lang in der Mikrowelle, bis sie gar und weich ist. Wenn die Kartoffel gar ist, schälen Sie sie und lassen Sie sie abkühlen.

5. Geben Sie die gekochte Kartoffel zusammen mit 1 Dose schwarzen Bohnen, ½ Tasse gehacktem Koriander, 2 Teelöffeln Cajun-Gewürz und ½ Teelöffel in eine Küchenmaschine

Tasse gehackte Zwiebel, 1 Teelöffel Kreuzkümmel und 2 gehackte Knoblauchzehen.

Pulsieren, bis eine homogene Mischung entsteht. In eine Schüssel geben und das gekochte Quinoa hinzufügen.

6. Haferkleie/Mehl hinzufügen. Gut vermischen und zu 6 Patties formen. Die Steaks auf Backpapier legen und etwa eine halbe Stunde abkühlen lassen.

7. Geben Sie alle Crema-Zutaten in eine Küchenmaschine. Pulsieren, bis der Puls stabil bleibt. Mit Salz abschmecken und abkühlen lassen.

8. Eine Pfanne mit Öl einfetten und bei mittlerer Hitze erhitzen.

Backen Sie jede Seite der Pastetchen etwa 3–4 Minuten lang goldbraun.

Mit Sahne, Sprossen, Brötchen und einigen Ihrer Lieblingszutaten servieren.

<u>Ernährungsinformation:</u>206 Kalorien, 6 g Fett, 33,9 g Gesamtkohlenhydrate, 7,9 g Protein

Portionen Kokospilzsuppe: 3

Kochzeit: 10 Minuten

Zutaten:

1 Löffel Kokosöl

1 Esslöffel gemahlener Ingwer

1 Tasse gehackte Cremini-Pilze

½ TL Safran

2 und ½ Tassen Wasser

½ Tasse Kokosmilch aus der Dose

Meersalz nach Geschmack

Gebrauchsanweisung:

1. Kokosöl bei mittlerer Hitze in einer großen Pfanne erhitzen und die Pilze hinzufügen. 3-4 Minuten kochen lassen.

2. Die restlichen Zutaten hinzufügen und aufkochen lassen. 5 Minuten köcheln lassen.

3. Auf drei Schüsseln Suppe verteilen und genießen!

Ernährungsinformation:Gesamtkohlenhydrate: 4 g, Ballaststoffe: 1 g, Protein: 2 g, Gesamtfett: 14 g, Kalorien: 143

Portionen winterlicher Obstsalat: 6

Kochzeit: 0 Minuten

Zutaten:

4 gekochte Süßkartoffeln, gewürfelt (2,5 cm große Würfel) 3 Birnen, gewürfelt (2,5 cm große Würfel)

1 Tasse halbierte Weintrauben

1 Apfel, gewürfelt

½ Tasse halbierte Pekannüsse

2 EL Olivenöl

1 Esslöffel Rotweinessig

2 Esslöffel roher Honig

Gebrauchsanweisung:

1. Für das Dressing Olivenöl, Rotweinessig und dann rohen Honig vermischen und beiseite stellen.

2. Gehacktes Obst, Süßkartoffeln und Pekannüsse vermengen und auf sechs Schüsseln verteilen. Jedes Brötchen mit der Soße beträufeln.

Ernährungsinformation:Gesamtkohlenhydrate: 40 g, Ballaststoffe: 6 g, Protein: 3 g, Gesamtfett: 11 g, Kalorien: 251

Gebratene Hähnchenschenkel mit Honig und Karotten: 4

Kochzeit: 50 Minuten

Zutaten:

2 Esslöffel ungesalzene Butter, zimmerwarm 3 große Karotten, in dünne Scheiben geschnitten

2 Knoblauchzehen, fein gehackt

4 Hähnchenschenkel mit Knochen und Haut

1 Teelöffel Salz

½ TL getrockneter Rosmarin

¼ TL frisch gemahlener schwarzer Pfeffer

2 Löffel Honig

1 Tasse Hühnerbrühe oder Gemüsebrühe

Zitronenscheiben zum Servieren

Gebrauchsanweisung:

1. Ofen auf 400 °F vorheizen. Die Auflaufform mit Butter einfetten.

2. Karotten und Knoblauch in einer Schicht auf das Backblech legen.

3. Das Hähnchen mit der Hautseite nach oben auf das Gemüse legen und mit Salz, Rosmarin und Pfeffer würzen.

4. Honig darüber geben und Brühe hinzufügen.

5. 40 bis 45 Minuten backen. Herausnehmen und 5 Minuten ruhen lassen

Minuten braten und mit Zitronenscheiben servieren.

Ernährungsinformation:Kalorien 428 Gesamtfett: 28 g Gesamtkohlenhydrate: 15 g Zucker: 11 g Ballaststoffe: 2 g Protein: 30 g Natrium: 732 mg

Peru-Chili-Portionen: 8

Kochzeit: 4 Stunden und 10 Minuten

Zutaten:

1 Pfund gemahlener Truthahn, vorzugsweise 99 % mager

2 Dosen rote Kidneybohnen, abgespült und abgetropft (je 15 Gramm) 1 rote Paprika, gehackt

2 Dosen Tomatensauce (je 15 Gramm)

1 Glas geschnittene, gezähmte Jalapenopfeffer, abgetropft (16 oz) 2 Dosen kleine Tomaten, gewürfelt (je 15 oz) 1 EL Kreuzkümmel

1 gelbe Paprika, grob gehackt

2 Dosen schwarze Bohnen, vorzugsweise abgespült und abgetropft (je 15 Unzen) 1 Tasse Mais, gefroren

2 Esslöffel Chilipulver

1 Esslöffel Olivenöl

Schwarzer Pfeffer und Salz nach Geschmack

1 mittelgroße Zwiebel, gewürfelt

Schnittlauch, Avocado, geriebener Käse, griechischer Joghurt/Sauerrahm, zum Schluss optional

Gebrauchsanweisung:

1. Das Öl in einer großen Pfanne sehr heiß erhitzen. Wenn der Truthahn fertig ist, legen Sie ihn vorsichtig in die heiße Pfanne und braten Sie ihn goldbraun an. Gießen Sie den Truthahn auf den Boden des Slow Cookers, vorzugsweise 6 Liter.

2. Jalapeños, Mais, Paprika, Zwiebeln, Tomatenwürfel, Tomatensauce, Bohnen, Kreuzkümmel und Chilipulver hinzufügen. Mischen und mit Pfeffer und Salz abschmecken.

3. Abdecken und 6 Stunden auf niedriger Stufe oder 4 Stunden auf hoher Stufe garen.

Mit Toppings Ihrer Wahl servieren und genießen.

Ernährungsinformation:455 kcal Fett: 9 g Ballaststoffe: 19 g Protein: 38 g

Linsensuppe mit Gewürzen Portionen: 5

Kochzeit: 25 Minuten

Zutaten:

1 Tasse gelbe Zwiebel (gewürfelt)

1 Tasse Karotte (gewürfelt)

1 Tasse Rübengrün

2 EL natives Olivenöl extra

2 Tassen Balsamico-Essig-Suppe

4 Tassen Babyspinat

2 Tassen braune Linsen

¼ Tasse frische Petersilie

Gebrauchsanweisung:

1. Den Schnellkochtopf auf mittlere Hitze vorheizen und Olivenöl und Gemüse hinzufügen.

2. Nach 5 Minuten Brühe, Linsen und Salz in die Pfanne geben und 15 Minuten kochen lassen.

3. Nehmen Sie den Deckel ab und geben Sie Spinat und Essig hinzu.

4. Rühren Sie die Suppe 5 Minuten lang um und schalten Sie den Herd aus.

5. Mit frischer Petersilie garnieren.

Ernährungsinformation:Kalorien 96 Kohlenhydrate: 16 g Fett: 1 g Protein: 4 g

Portionen Hähnchen mit Knoblauch und Gemüse: 4

Kochzeit: 45 Minuten

Zutaten:

2 Teelöffel natives Olivenöl extra

1 Lauch, nur der weiße Teil, in dünne Scheiben geschnitten

2 große Zucchini, in ¼-Zoll-Scheiben geschnitten

4 Hähnchenbrüste mit Knochen und Haut

3 Knoblauchzehen, fein gehackt

1 Teelöffel Salz

1 Teelöffel getrockneter Oregano

¼ TL frisch gemahlener schwarzer Pfeffer

½ Tasse Weißwein

1 Zitronensaft

Gebrauchsanweisung:

1. Ofen auf 400 °F vorheizen. Fetten Sie das Backblech mit Öl ein.

2. Lauch und Zucchini in die Auflaufform geben.

3. Das Hähnchen mit der Hautseite nach oben legen und mit Knoblauch, Salz, Oregano und Pfeffer bestreuen. Wein hinzufügen.

4. 35 bis 40 Minuten backen. Herausnehmen und 5 Minuten ruhen lassen.

5. Zitronensaft hinzufügen und servieren.

<u>Ernährungsinformation:</u>Kalorien 315 Gesamtfett: 8 g Gesamtkohlenhydrate: 12 g Zucker: 4 g Ballaststoffe: 2 g Protein: 44 g Natrium: 685 mg

Portionen Räucherlachssalat: 4

Kochzeit: 20 Minuten

Zutaten:

2 Fenchelknollen, in dünne Scheiben geschnitten, einige Blätter beiseite gelegt, 1 Esslöffel gesalzene Kapern, abgespült und abgetropft, ½ Tasse Naturjoghurt

2 Esslöffel Petersilie, fein gehackt

1 Esslöffel Zitronensaft, frisch gepresst

2 Esslöffel frischer Schnittlauch, fein gehackt

1 Esslöffel gehackter frischer Estragon

180 g Räucherlachs in Scheiben, wenig Salz

½ rote Zwiebel, in dünne Scheiben geschnitten

1 Teelöffel Zitronenschale, fein gerieben

½ Tasse französische grüne Linsen, abgespült

60 g frischer Babyspinat

½ Avocado, in Scheiben geschnitten

Eine Prise brauner Zucker

Gebrauchsanweisung:

1. Wasser in einen großen Topf mit Wasser geben und bei mäßiger Hitze zum Kochen bringen. Sobald es kocht; Linsen 20 Minuten kochen, bis sie weich sind; Gut trocknen.

2. In der Zwischenzeit eine Bratpfanne bei starker Hitze vorheizen.

Die Fenchelscheiben mit etwas Öl beträufeln und weich kochen, 2

Minuten auf jeder Seite.

3. Schnittlauch, Petersilie, Joghurt, Estragon, Zitronenschale und Kapern in einer Küchenmaschine glatt rühren und mit Pfeffer würzen.

4. Die Zwiebel mit Zucker, Saft und einer Prise Salz in eine große Schüssel geben. Einige Minuten ruhen lassen und dann abtropfen lassen.

5. Linsen mit Zwiebeln, Fenchel, Avocado und Spinat in einer großen Schüssel vermischen. Gleichmäßig auf Teller verteilen und mit Fisch belegen. Mit den restlichen Fenchelblättern und noch mehr frischer Petersilie bestreuen. Mit der Green-Goddess-Sauce beträufeln. Zu genießen.

Ernährungsinformation:368 kcal Fett: 14 g Ballaststoffe: 8 g Protein: 20 g

Portionen Bohnen-Shawarma-Salat: 2

Kochzeit: 20 Minuten

Zutaten:

Salat zubereiten

20 Pommes Frites

5 Gramm Frühlingssalat

10 Kirschtomaten

¾ Tasse frische Petersilie

¼ Tasse rote Zwiebel (gehackt)

für Kichererbsen

1c Olivenölsuppe

1 Esslöffel Kreuzkümmel und Kurkuma

½ Esslöffel Paprika- und Korianderpulver 1 Prise schwarzer Pfeffer

½ sparsames koscheres Salz

¼ EL Ingwer- und Zimtpulver

Zur Zubereitung des Dressings

3 Knoblauchzehen

1 Esslöffel Trockenbohrer

1 Tasse Limettensaftsuppe

Wasser

½ Tasse Hummus

Gebrauchsanweisung:

1. Stellen Sie einen Rost in den vorgeheizten Backofen (204 °C). Die Kichererbsen mit allen Gewürzen und Kräutern vermischen.

2. Eine dünne Schicht Kichererbsen auf das Backblech legen und etwa 20 Minuten backen. Braten, bis die Bohnen goldbraun sind.

3. Um die Sauce zuzubereiten, alle Zutaten in eine Schüssel geben und verquirlen. Fügen Sie nach und nach Wasser hinzu, bis die richtige Weichheit erreicht ist.

4. Für den Salat alle Kräuter und Gewürze vermischen.

5. Zum Servieren Chips und Bohnen zum Salat geben und mit etwas Dressing beträufeln.

Ernährungsinformation:Kalorien 173 Kohlenhydrate: 8 g Fett: 6 g Protein: 19 g

Portionen gebratener Reis mit Ananas: 4

Kochzeit: 20 Minuten

Zutaten:

2 Karotten, geschält und gerieben

2 Frühlingszwiebeln, in Scheiben geschnitten

3 Esslöffel Sojasauce

1/2 Tasse Schinken, gewürfelt

1 Esslöffel Sesamöl

2 Tassen Dosen-/frische Ananas, gewürfelt

1/2 TL gepulverter Ingwer

3 Tassen brauner Reis, gekocht

1/4 Teelöffel weißer Pfeffer

2 EL Olivenöl

1/2 Tasse gefrorene Erbsen

2 Knoblauchzehen, fein gehackt

1/2 Tasse gefrorener Mais

1 Zwiebel, gewürfelt

Gebrauchsanweisung:

1. 1 Esslöffel Sesamöl, 3 Esslöffel Sojasauce, 2 Prisen weißer Pfeffer und 1/2 Teelöffel Ingwer in eine Schüssel geben. Gut mischen und bestellen.

2. Öl in einer Bratpfanne vorheizen. Fügen Sie Knoblauch und gehackte Zwiebeln hinzu.

Unter ständigem Rühren etwa 3-4 Minuten kochen lassen.

3. Fügen Sie 1/2 Tasse gefrorene Erbsen, geraspelte Karotten und 1/2 Tasse gefrorenen Mais hinzu.

Nur ein paar Minuten rühren, bis das Gemüse weich ist.

4. Sojasaucenmischung, 2 Tassen gewürfelte Ananas, ½ Tasse gehackten Schinken, 3 Tassen gekochten braunen Reis und geschnittene Frühlingszwiebeln unterrühren.

Unter ständigem Rühren etwa 2-3 Minuten kochen lassen. Aufschlag!

<u>Ernährungsinformation:</u>252 Kalorien, 12,8 g Fett, 33 g Gesamtkohlenhydrate, 3 g Protein

Portionen Linsensuppe: 2

Kochzeit: 30 Minuten

Zutaten:

2 Karotten, mittelgroß und gewürfelt

2 Esslöffel. Zitronensaft, frisch

1 Esslöffel. Kurkumapulver

1/3 Tasse Linsen, gekocht

1 Esslöffel. gehackte Mandeln

1 Sellerie, gewürfelt

1 Bund Petersilie, fein gehackt

1 gelbe Zwiebel, groß und gehackt

Frisch gemahlener schwarzer Pfeffer

1 Pastinake, mittelgroß und gehackt

½ TL. Kreuzkümmelpulver

3 ½ Tassen Wasser

½ TL. Rosa Himalaya-Salz

4 grob gehackte Grünkohlblätter

Gebrauchsanweisung:

1. Zunächst die Karotten, Pastinaken, einen Esslöffel Wasser und die Zwiebel bei mittlerer Hitze in einen mittelgroßen Topf geben.

2. Kochen Sie die Gemüsemischung 5 Minuten lang und rühren Sie dabei gelegentlich um.

3. Anschließend die Linsen und Gewürze unterrühren. Passt gut.

4. Anschließend Wasser in den Topf gießen und die Mischung aufkochen.

5. Reduzieren Sie nun die Hitze auf eine niedrige Stufe und lassen Sie es 20 Minuten kochen

Protokoll.

6. Den Herd ausschalten und vom Herd nehmen. Grünkohl, Zitronensaft, Petersilie und Salz hinzufügen.

7. Gut umrühren, bis alles eingearbeitet ist.

8. Mit Mandeln belegen und warm servieren.

<u>Ernährungsinformation:</u>Kalorien: 242 kcal, Protein: 10 g, Kohlenhydrate: 46 g, Fett: 4 g

Köstlicher Thunfischsalat, Portionen: 2

Kochzeit: 15 Minuten

Zutaten:

2 Dosen Thunfisch in Wasser (je 5 Gramm), abgetropft ¼ Tasse Mayonnaise

2 Esslöffel frisches Basilikum, gehackt

1 Esslöffel Zitronensaft, frisch gepresst

2 Esslöffel feuergeröstete rote Paprika, gehackt ¼ Tasse Kalamata oder gemischte Oliven, gehackt

2 große Strauchtomaten

1 Esslöffel Kapern

2 Esslöffel rote Zwiebel, fein gehackt

Pfeffer und Salz nach Geschmack

Gebrauchsanweisung:

1. Alle Zutaten (außer Tomaten) zusammen in eine große Schüssel geben; Rühren Sie die Zutaten gut um, bis sie gut vermischt sind.

Schneiden Sie die Tomaten in Sechstel und öffnen Sie sie anschließend vorsichtig. Legen Sie die vorbereitete Thunfischsalatmischung in die Mitte. Sofort servieren und genießen.

<u>Ernährungsinformation:</u>405 kcal Fett: 24 g Ballaststoffe: 3,2 g Protein: 37 g

Aioli mit Eiportionen: 12

Kochzeit: 0 Minuten

Zutaten:

2 Eigelb

1 Knoblauch, gerieben

2 Esslöffel. Wasser

½ Tasse natives Olivenöl extra

¼ Tasse Zitronensaft, frisch gepresst, Kerne entfernt ¼ TL. Meersalz

Cayennepfeffer-Pulver

Eine Prise weißer Pfeffer nach Geschmack

Gebrauchsanweisung:

1. Knoblauch, Eigelb, Salz und Wasser in den Mixer geben; glatt rühren. Das Öl langsam hinzufügen, bis die Soße emulgiert.

2. Die restlichen Zutaten hinzufügen. Ich mag; Bei Bedarf nachwürzen.

In einen luftdichten Behälter füllen; nach Bedarf verwenden.

Ernährungsinformation:Kalorien 100 Kohlenhydrate: 1 g Fett: 11 g Protein: 0 g

Spaghetti-Nudeln mit Kräuter-Pilz-Sauce

Zutaten:

200 Gramm / 6,3 Unzen für eine große Portion mit einer Packung dünner Weizenspaghetti*

140 Gramm reine zerkleinerte Pilze 12-15 Stück*

¼ Tasse Sahne

3 Tassen Milch

2 Esslöffel Olivenöl plus 2 Teelöffel Öl oder flüssige Margarine, zur Hälfte 1,5 Esslöffel Mehl hinzufügen

½ Tasse gehackte Zwiebel

¼ bis ½ Tasse geriebener Parmesan-Cheddar-Käse

Ein paar Stücke schwarzer Pfeffer

Salz nach Geschmack

2 Teelöffel getrockneter oder junger Thymian*

Ein Bund junger Basilikumblätter aus Chiffon

Gebrauchsanweisung:

1. Kochen Sie die Nudeln, solange sie noch leicht fest sind, wie die Sauce zeigt.

2. Während die Nudeln kochen, sollten wir mit der Zubereitung der Soße beginnen.

3. Erhitzen Sie die 3 Tassen Milch 3 Minuten lang in der Mikrowelle oder auf dem Herd, bis sie dickflüssig sind.

4. Gleichzeitig 2 Esslöffel Öl in einer beschichteten Pfanne bei mittlerer Hitze erhitzen und die gehackten Pilze darin anbraten. etwa 2 Minuten kochen lassen

Protokoll.

5. Zuerst geben die Pilze etwas Wasser ab, dann verdunsten sie und werden jeweils gesund.

6. Reduzieren Sie nun die Hitze auf mittlere Stufe, fügen Sie die Zwiebel hinzu und kochen Sie sie 1 Minute lang.

7. Fügen Sie 2 Teelöffel weiche Nudeln hinzu und streuen Sie etwas Mehl darüber.

8. 20 Sekunden lang mischen.

9. Heiße Milch unter ständigem Rühren hinzufügen, bis eine homogene Soße entsteht.

10. Wenn die Soße eindickt, d. h. den Siedepunkt erreicht, schalten Sie den Herd aus.

11. Fügen Sie nun ¼ Tasse geriebenen Parmesan-Cheddar hinzu. Alles glatt rühren. 30 Sekunden lang.

12. Fügen Sie nun Salz, Pfeffer und Thymian hinzu.

13. Machen Sie ein Quiz. Ändern Sie bei Bedarf den Geschmack.

14. In der Zwischenzeit sollte der Teig sprudeln, solange er noch etwas fest ist.

15. Das heiße Wasser durch ein Sieb abseihen. Halten Sie den Wasserhahn offen und gießen Sie kaltes Wasser ein, um das Kochen zu stoppen. Lassen Sie das gesamte Wasser ab und gießen Sie es mit der Soße auf.

16. Wenn Sie es nicht sofort essen, mischen Sie die Nudeln nicht mit der Soße. Bewahren Sie den Teig getrennt, mit Öl bedeckt und sicher auf.

17. Warm servieren und mit mehr Parmesan-Cheddar bestreut servieren.

Anerkennen!

Brauner Reis und Shitake-Miso-Suppe mit Schnittlauch

Portionen: 4

Kochzeit: 45 Minuten

Zutaten:

2 Esslöffel Sesamöl

1 Tasse dünn geschnittene Shiitake-Pilze

1 Knoblauchzehe, fein gehackt

1 Stück (1½ Zoll) frischer Ingwer, geschält und in Scheiben geschnitten, 1 Tasse mittelkörniger brauner Reis

½ Teelöffel Salz

1 Esslöffel weißes Miso

2 Frühlingszwiebeln, in dünne Scheiben geschnitten

2 Esslöffel fein gehackter frischer KorianderGebrauchsanweisung:

1. Öl bei mittlerer bis hoher Hitze in einem großen Topf erhitzen.

2. Pilze, Knoblauch und Ingwer dazugeben und ca. 5 Minuten anbraten, bis die Pilze weich werden.

3. Reis hinzufügen und umrühren, bis er gleichmäßig mit Öl bedeckt ist. 2 Tassen Wasser und Salz hinzufügen und zum Kochen bringen.

4. 30-40 Minuten kochen lassen. Verwenden Sie etwas Brühe aus der Suppe, um das Miso weicher zu machen, und rühren Sie es in der Pfanne um, bis es gut vermischt ist.

5. Schnittlauch und Koriander unterrühren und servieren.

Ernährungsinformation:Kalorien: 265 Gesamtfett: 8 g
Gesamtkohlenhydrate: 43 g Zucker: 2 g Ballaststoffe: 3 g Protein: 5 g
Natrium: 456 mg

Gegrillte Meerforelle mit Knoblauch-Petersilien-Sauce

Portionen: 8

Kochzeit: 25 Minuten

Zutaten:

3 ½ Pfund Forellenfilet, vorzugsweise Meerforelle, ohne Gräten, mit Haut

4 Knoblauchzehen, in dünne Scheiben geschnitten

2 Esslöffel Kapern, grob gehackt

½ Tasse frische glatte Petersilienblätter

1 rote Chili, vorzugsweise lang; dünne Scheiben, 2 Esslöffel frisch gepresster Zitronensaft, ½ Tasse Olivenöl

Zitronenscheiben zum Servieren

Gebrauchsanweisung:

1. Bestreichen Sie die Forelle mit ca. 2 Esslöffel Öl; Stellen Sie sicher, dass alle Seiten gut beschichtet sind. Heizen Sie den Grill bei starker Hitze vor, am besten bei geschlossenem Deckel. Hitze auf mittlere Stufe reduzieren; Legen Sie die umhüllte Forelle auf den Grillspieß, am besten mit der Hautseite

nach oben. Einige Minuten kochen, bis es teilweise gar und goldbraun ist. Die Forelle vorsichtig wenden; Bei geschlossenem Deckel 12 bis 15 Minuten garen, bis alles gar ist. Übertragen Sie das Filet auf eine große Platte.

2. In der Zwischenzeit das restliche Öl erhitzen; Knoblauch bei schwacher Hitze in einem kleinen Topf erhitzen, bis er heiß ist; Der Knoblauch beginnt, seine Farbe zu ändern. Herausnehmen und Kapern, Zitronensaft und Pfeffer hinzufügen.

Die Forelle mit der vorbereiteten Soße beträufeln und mit frischen Petersilienblättern bestreuen. Sofort mit frischen Zitronenschnitzen servieren und genießen.

Ernährungsinformation:kcal 170 Fett: 30 g Ballaststoffe: 2 g Protein: 37 g

Zutaten für den Blumenkohl-Kichererbsen-Wrap:

1 frischer Ingwer

2 Knoblauchzehen

1 Dose Kichererbsen

1 rote Zwiebel

8 Gramm Blumenkohlröschen

1 TL Garam Masala

2 EL Pfeilwurzstärke

1 Zitrone

1 Päckchen frischer Koriander

1/4 Tasse veganer Joghurt

4 Packungen

3 Löffel Kokosraspeln

4 Gramm Babyspinat

1 Esslöffel Pflanzenöl

1 Teelöffel Salz und Pfeffer nach Geschmack

Gebrauchsanweisung:

1. Den Ofen auf 205 °C (400 °F) vorheizen. 1 Teelöffel Ingwer schälen und hacken. Den Knoblauch hacken. Kichererbsen schälen und waschen. Die rote Zwiebel schälen und fein hacken. Teilen Sie die Zitrone.

2. Ein Backblech mit 1 Esslöffel Pflanzenöl bestreichen. In einer großen Schüssel gehackten Ingwer, Knoblauch, den Saft einer großen Zitrone, Kichererbsen, gehackte rote Zwiebeln, Blumenkohlröschen, Garam Masala, Pfeilwurzstärke und 1/2 Teelöffel Salz vermischen. Auf das Backblech legen und auf dem Grill garen, bis der Blumenkohl zart und stellenweise gebräunt ist, etwa 20 bis 25 Minuten.

3. Die Korianderblätter und die zarten Stiele hacken. In einer kleinen Schüssel Koriander, Joghurt, 1 Esslöffel Limettensaft und eine Prise Salz und Pfeffer vermischen.

4. Decken Sie die Umschläge mit Alufolie ab und legen Sie sie zum Erhitzen auf den Herd. 3 bis 4 Minuten.

5. Nehmen Sie eine beschichtete Pfanne auf mittlere Hitze und geben Sie Kokosraspeln hinein. Das Gericht wie gewohnt ca. 2 bis 3 Minuten rösten, bis es gar ist.

6. Babyspinat und gekochtes Gemüse zwischen warmen Wraps trennen. Die Blumenkohl-Kichererbsen-Wraps auf großen Tellern anrichten und mit der Koriandersauce beträufeln. Mit gerösteter Kokosnuss bestreuen

Portionen Buchweizennudelsuppe: 4

Kochzeit: 25 Minuten

Zutaten:

2 Tassen gehackter Bok Choy

3 EL. Tamari

3 Päckchen Buchweizennudeln

2 Tassen Edamame-Bohnen

7 Unzen. Gehackte Shiitake-Pilze

4 Tassen Wasser

1 Teelöffel. geriebener Ingwer

Prise Salz

1 Knoblauchzehe, gerieben

Gebrauchsanweisung:

1. Zuerst Wasser, Ingwer, Sojasauce und Knoblauch bei mittlerer Hitze in einen mittelgroßen Topf geben.

2. Die Sojasauce-Ingwer-Mischung zum Kochen bringen, dann Edamame und Shiitake unterrühren.

3. Weitere 7 Minuten weiterkochen oder bis es weich ist.

4. Dann kochen Sie die Soba-Nudeln gemäß den Anweisungen auf der Packung, bis sie gar sind. Gut waschen und abtropfen lassen.

5. Geben Sie nun den Pak Choi zur Shiitake-Mischung und kochen Sie ihn eine weitere Minute lang oder bis der Pak Choi zusammengefallen ist.

6. Zum Schluss die Soba-Nudeln auf die Schüsseln verteilen und mit der Pilzmischung belegen.

Ernährungsinformation:Kalorien: 234 kcal, Proteine: 14,2 g, Kohlenhydrate: 35,1 g, Fett: 4 g

Einfache Lachssalatportionen: 1

Kochzeit: 0 Minuten

Zutaten:

1 Tasse Bio-Rucola

1 Dose Wildlachs

½ Avocado, in Scheiben geschnitten

1 Esslöffel Olivenöl

1 Teelöffel Dijon-Senf

1 TL Meersalz

Gebrauchsanweisung:

1. Mischen Sie zunächst Olivenöl, Dijon-Senf und Meersalz in einer Schüssel, um das Dressing herzustellen. Leg es zur Seite.

2. Den Salat mit Rucola als Basis zusammenstellen und mit geschnittenem Lachs und Avocado belegen.

3. Mit der Soße gießen.

Ernährungsinformation:Gesamtkohlenhydrate: 7 g, Ballaststoffe: 5 g, Protein: 48 g, Gesamtfett: 37 g, Kalorien: 553

Portionen Gemüsesuppe: 4

Kochzeit: 40 Minuten

Zutaten:

1 Esslöffel. Kokosnussöl

2 Tassen Grünkohl, gehackt

2 Selleriestangen in Würfel schneiden

½ von 15 oz. Dose weiße Bohnen, abgetropft und abgespült 1 Zwiebel, groß und gewürfelt

¼ TL. schwarzer Pfeffer

1 Karotte, mittelgroß und gewürfelt

2 Tassen Blumenkohl, in Röschen geschnitten

1 Teelöffel. Safran, gemahlen

1 Teelöffel. Meersalz

3 Knoblauchzehen, fein gehackt

6 Tassen Gemüsebrühe

Gebrauchsanweisung:

1. Erhitzen Sie zunächst das Öl in einer großen Pfanne bei mittlerer bis niedriger Hitze.

2. Die Zwiebel in die Pfanne geben und 5 Minuten braten, bis sie weich ist.

3. Die Karotten und den Sellerie in die Pfanne geben und weitere 4 Minuten kochen, bis das Gemüse weich ist.

4. Nun Kurkuma, Knoblauch und Ingwer zu der Mischung hinzufügen. Gut schütteln.

5. Kochen Sie die Gemüsemischung 1 Minute lang oder bis sie duftet.

6. Anschließend die Gemüsebrühe mit Salz und Pfeffer angießen und zum Kochen bringen.

7. Sobald es zu kochen beginnt, den Blumenkohl hinzufügen. Reduzieren Sie die Hitze und kochen Sie die Gemüsemischung 13 bis 15 Minuten lang oder bis der Blumenkohl weich ist.

8. Zum Schluss die Bohnen und den Grünkohl hinzufügen – 2 Minuten braten.

9. Warm servieren.

<u>Ernährungsinformation:</u>Kalorien: 192 kcal, Proteine: 12,6 g, Kohlenhydrate: 24,6 g, Fett: 6,4 g

Knoblauch, Zitronengarnelen: 4

Kochzeit: 15 Minuten

Zutaten:

1 ¼ Pfund Garnelen, gekocht oder gedünstet

3 Esslöffel Knoblauch, fein gehackt

¼ Tasse Zitronensaft

2 EL Olivenöl

¼ Tasse Petersilie

Gebrauchsanweisung:

1. Nehmen Sie eine kleine Pfanne bei mittlerer Hitze, geben Sie Knoblauch und Öl hinzu und braten Sie es 1 Minute lang an.

2. Petersilie und Zitronensaft hinzufügen und mit Salz und Pfeffer würzen.

3. Geben Sie die Garnelen in eine große Schüssel und gießen Sie die Bratpfannenmischung über die Garnelen.

4. Abkühlen lassen und servieren.

<u>Ernährungsinformation:</u>Kalorien: 130 Fett: 3 g Kohlenhydrate: 2 g Protein: 22 g

Frühlingsrollen Blt Zutaten:

junger Salat, geraspelt oder gehackt

Avocado-Schnitt, optional

SESAM UND SOJYASUS

1/4 Tasse Sojasauce

1/4 Tasse kaltes Wasser

1 Esslöffel Mayonnaise (wenn Sie möchten, machen Sie die Soße samtig glatt)

1 Teelöffel frischer Zitronensaft

1 TL Sesamöl

1 TL Sriracha-Sauce oder eine beliebige scharfe Sauce (optional)<u>Gebrauchsanweisung:</u>

1. mittelgroße Tomate (Kerne und Scheiben 0,6 cm dick) 2. Speckstücke, gekocht

3. Frisches Basilikum, Minze oder verschiedene Kräuter

4. Reispapier

Brust mit Blauschimmelkäse: 6

Kochzeit: 8 Stunden. 10 Minuten

Zutaten:

1 Tasse Wasser

1/2 EL Knoblauchpaste

1/4 Tasse Sojasauce

1 ½ Pfund Corned-Beef-Brisket

1/3 TL gemahlener Koriander

1/4 Teelöffel Nelken, gemahlen

1 Esslöffel Olivenöl

1 gehackte Schalotte

2 Unzen. Blauschimmelkäse, zerbröckelt

Kochspray

Gebrauchsanweisung:

1. Stellen Sie eine Pfanne auf mäßige Hitze und geben Sie Öl zum Erhitzen hinzu.

2. Die Schalotte hinzufügen, umrühren und 5 Minuten kochen lassen.

3. Die Knoblauchpaste hinzufügen und 1 Minute kochen lassen.

4. In den Slow Cooker geben und mit Kochspray bestreichen.

5. Legen Sie die Brust in die gleiche Pfanne und braten Sie sie auf beiden Seiten goldbraun.

6. Geben Sie das Fleisch zusammen mit den anderen Zutaten, außer dem Käse, in den Slow Cooker.

7. Deckel auflegen und 8 Stunden garen. über niedriger Hitze.

8. Mit Käse garnieren und servieren.

Ernährungsinformation:Kalorien 397, Protein 23,5 g, Fett 31,4 g, Kohlenhydrate 3,9 g, Ballaststoffe 0 g

Zutaten für kaltes Soba mit Misosauce:

6 Gramm Buchweizen-Soba-Nudeln

1/2 Tasse geriebene Karotten

1 Tasse erstarrtes, ungeschältes Edamame, aufgetaut 2 persische Gurken, in Scheiben geschnitten

1 Tasse gehackter Koriander

1/4 Tasse Sesamkörner

2 EL dunkle Sesamkörner

Weiße Misosauce (ergibt 2 Tassen)

2/3 Tasse weiße Misopaste

Saft von 2 mittelgroßen Zitronen

4 Esslöffel Reisessig

4 EL natives Olivenöl extra

4 Esslöffel ausgepresste Orange

2 EL frisch gemahlener Ingwer

2 EL Ahornsirup

Gebrauchsanweisung:

1. Kochen Sie die Soba-Nudeln gemäß den Anweisungen in der Packung (achten Sie darauf, dass sie nicht zu lange kochen, sonst werden sie klebrig und kleben zusammen). Gut schälen und in eine große Schüssel geben. 2. Geriebene Karotten, Edamame, Gurke, Koriander und Sesam hinzufügen

3. Um die Sauce zuzubereiten, verquirlen Sie alle Zutaten in einem Mixer. Alles glatt rühren

4. Die gewünschte Menge Sauce über die Nudeln gießen (wir haben etwa 1 1/2 Tassen verwendet)

Gebratene Büffelblumenkohlstücke: 2

Kochzeit: 35 Minuten

Zutaten:

¼ Tasse Wasser

¼ Tasse Bananenmehl

Eine Prise Salz und Pfeffer

1 mittelgroßer Blumenkohl, in kleine Stücke geschnitten, ½ Tasse scharfe Soße

2 Esslöffel Butter, geschmolzen

Blauschimmelkäse oder Ranch-Dressing (optional)

Gebrauchsanweisung:

1. Den Backofen auf 200 °C vorheizen. In der Zwischenzeit ein Backblech mit Aluminiumfolie auslegen.

2. Wasser, Mehl und eine Prise Salz und Pfeffer in einer großen Schüssel verrühren.

3. Gut vermischen, bis alles gut vermischt ist.

4. Den Blumenkohl hinzufügen; Gut mischen.

5. Übertragen Sie die Mischung auf das Backpapier. 15 Minuten backen, dabei einmal wenden.

6. Während des Backens scharfe Soße und Butter in einer kleinen Schüssel vermischen.

7. Die Soße über den gebratenen Blumenkohl gießen.

8. Den gebratenen Blumenkohl wieder in den Ofen geben und weitere 20 Minuten backen

Protokoll.

9. Sofort servieren, bei Bedarf mit einem Ranch-Dressing als Beilage.

Ernährungsinformation:Kalorien: 168 Kalorien, Fett: 5,6 g, Protein: 8,4 g, Kohlenhydrate: 23,8 g, Ballaststoffe: 2,8 g

Gebratenes Knoblauchhähnchen mit Basilikum und Tomaten: 4

Kochzeit: 30 Minuten

Zutaten:

½ mittelgelbe Zwiebel

2 EL Olivenöl

3 gehackte Knoblauchzehen

1 Tasse Basilikum (locker gehackt)

1, kg Hähnchenbrust ohne Knochen

14,5 Unzen italienische Tomaten

Salz und Pfeffer

4 mittelgroße Zucchini (spiralförmig zu Nudeln geformt) 1 Esslöffel zerstoßener roter Pfeffer

2 EL Olivenöl

Gebrauchsanweisung:

1. Die Hähnchenteile mit einem Schnellkochtopf aufschlagen. Streuen Sie Salz, Pfeffer und Olivenöl über die Hähnchenteile und marinieren Sie beide Seiten des Hähnchens gleichmäßig.

2. Die Hähnchenteile in einer großen, heißen Pfanne von jeder Seite 2 bis 3 Minuten braten.

3. Die Zwiebel in derselben Pfanne goldbraun anbraten. Tomaten, Basilikumblätter und Knoblauch hinzufügen.

4. 3 Minuten braten und alle Gewürze und das Huhn in die Pfanne geben.

5. Zusammen mit den würzigen Zoodles auf dem Teller servieren.

Ernährungsinformation:Kalorien 44 Kohlenhydrate: 7 g Fett: 0 g Protein: 2 g

Cremige Safran-Blumenkohlsuppe, Portionen: 4

Kochzeit: 15 Minuten

Zutaten:

2 EL natives Olivenöl extra

1 Lauch, nur der weiße Teil, in dünne Scheiben geschnitten

3 Tassen Blumenkohlröschen

1 Knoblauchzehe, geschält

1 Stück frischer Ingwer (1¼ Zoll), geschält und in Scheiben geschnitten, 1½ Teelöffel Kurkuma

½ Teelöffel Salz

¼ TL frisch gemahlener schwarzer Pfeffer

¼ TL gemahlener Kreuzkümmel

3 Tassen Gemüsebrühe

1 Tasse Vollfett: Kokosmilch

¼ Tasse fein gehackter frischer Koriander

Gebrauchsanweisung:

1. Öl in einem großen Topf bei starker Hitze erhitzen.

2. Den Lauch 3 bis 4 Minuten anbraten.

3. Blumenkohl, Knoblauch, Ingwer, Kurkuma, Salz, Pfeffer und Kreuzkümmel hinzufügen und 1 bis 2 Minuten anbraten.

4. Brühe hinzufügen und zum Kochen bringen.

5. 5 Minuten kochen lassen.

6. Die Suppe mit einem Stabmixer glatt pürieren.

7. Kokosmilch und Koriander einrühren, erhitzen und servieren.

Ernährungsinformation:Kalorien: 264 Gesamtfett: 23 g Gesamtkohlenhydrate: 12 g Zucker: 5 g Ballaststoffe: 4 g Protein: 7 g Natrium: 900 mg

Brauner Reis mit Pilzen, Kohl und Süßkartoffeln

Portionen: 4

Kochzeit: 50 Minuten

Zutaten:

¼ Tasse natives Olivenöl extra

4 Tassen grob gehackte Grünkohlblätter

2 Lauchstangen, nur die weißen Teile, in dünne Scheiben geschnitten

1 Tasse geschnittene Pilze

2 Knoblauchzehen, fein gehackt

2 Tassen geschälte Süßkartoffeln, in ½-Zoll-Würfel geschnitten 1 Tasse brauner Reis

2 Tassen Gemüsebrühe

1 Teelöffel Salz

¼ TL frisch gemahlener schwarzer Pfeffer

¼ Tasse frisch gepresster Zitronensaft

2 Esslöffel fein gehackte frische glatte PetersilieGebrauchsanweisung:

1. Öl bei starker Hitze erhitzen.

2. Grünkohl, Lauch, Pilze und Knoblauch hinzufügen und ca. 5 Minuten anbraten, bis sie weich sind.

3. Süßkartoffel und Reis hinzufügen und etwa 3 Minuten braten.

4. Brühe, Salz und Pfeffer hinzufügen und zum Kochen bringen. Zwischen 30 und 40 kochen

Protokoll.

5. Zitronensaft und Petersilie hinzufügen und servieren.

Ernährungsinformation:Kalorien 425 Fett: 15 g Gesamtkohlenhydrate: 65 g Zucker: 6 g Ballaststoffe: 6 g Protein: 11 g Natrium: 1045 mg

Rezept für gebackenen Tilapia mit Pekannuss- und Rosmarinbelag

Portionen: 4

Kochzeit: 20 Minuten

Zutaten:

4 Tilapiafilets (je 4 Unzen)

½ Teelöffel brauner Zucker oder Kokosblütenzucker 2 Teelöffel gehackter frischer Rosmarin

1/3 Tasse rohe Pekannüsse, gehackt

Eine Prise Cayennepfeffer

1 ½ TL Olivenöl

1 großes Eiweiß

1/8 Teelöffel Salz

1/3 Tasse Panko-Semmelbrösel, vorzugsweise VollkornGebrauchsanweisung:

1. Ofen auf 350 F vorheizen.

2. Walnüsse mit Semmelbröseln, Kokosblütenzucker, Rosmarin, Cayennepfeffer und Salz in einer kleinen ofenfesten Form vermengen. Olivenöl hinzufügen; Gewinnspiel.

3. 7 bis 8 Minuten backen, bis die Masse goldbraun ist.

4. Stellen Sie die Hitze auf 400 F ein und bestreichen Sie eine große Glasbackform mit etwas Kochspray.

5. Das Eiweiß flach aufschlagen. Batch-Arbeit; Tauchen Sie den Fisch (einen Tilapia nach dem anderen) in das Eiweiß und heben Sie ihn dann leicht unter die Nussmischung. Die panierten Filets in die Bratpfanne legen.

6. Den Rest der Nussmischung über die Tilapiafilets drücken.

7. 8 bis 10 Minuten backen. Sofort servieren und genießen.

<u>Ernährungsinformation:</u>kcal 222 Fett: 10 g Ballaststoffe: 2 g Protein: 27 g

Portionen Tortilla-Wrap mit schwarzen Bohnen: 2

Kochzeit: 0 Minuten

Zutaten:

¼ Tasse Mais

1 Handvoll frisches Basilikum

½ Tasse Rucola

1 Esslöffel Nährhefe

¼ Tasse schwarze Bohnen aus der Dose

1 Pfirsich, in Scheiben geschnitten

1 Teelöffel Zitronensaft

2 glutenfreie Tortillas

Gebrauchsanweisung:

1. Bohnen, Mais, Rucola und Pfirsiche auf die beiden Tortillas verteilen.

2. Jede Tortilla mit der Hälfte frischem Basilikum und Zitronensaft belegenErnährungsinformation:Gesamtkohlenhydrate: 44 g, Ballaststoffe: 7 g, Protein: 8 g, Gesamtfett: 1 g, Kalorien: 203

Hähnchen mit weißen Bohnen und grünem Wintergemüse

Portionen: 8

Kochzeit: 45 Minuten

Zutaten:

4 Knoblauchzehen

1c Olivenölsuppe

3 mittelgroße Pastinaken

1 kg kleine Hähnchenwürfel

1 TL Kreuzkümmelpulver

2 Lecks und 1 Grünteil

2 Karotten (gewürfelt)

1 ¼ weiße Bohnen (über Nacht eingeweicht)

½ TL getrockneter Oregano

2 Teelöffel koscheres Salz

Koriander Blätter

1 1/2 Esslöffel gemahlene Anchopfeffer

Gebrauchsanweisung:

1. Knoblauch, Lauch, Hühnchen und Öl in einem großen Topf bei mittlerer Hitze 5 Minuten anbraten.

2. Fügen Sie nun die Karotte und die Pastinake hinzu und fügen Sie nach 2-minütigem Rühren alle Gewürzzutaten hinzu.

3. Rühren, bis der Geruch austritt.

4. Geben Sie nun die Bohnen und 5 Tassen Wasser in die Pfanne.

5. Zum Kochen bringen und die Hitze reduzieren.

6. Knapp 30 Minuten kochen lassen und mit Petersilie und Korianderblättern garnieren.

Ernährungsinformation:Kalorien 263 Kohlenhydrate: 24 g Fett: 7 g Protein: 26 g

In Kräutern gebackene Lachsportionen: 2

Kochzeit: 15 Minuten

Zutaten:

10 Unzen. Lachsfilet

1 Teelöffel. Öl

1 Teelöffel. Honig

1 Teelöffel. Estragon, frisch

1/8 TL. Salz

2 TL. dijon Senf

¼ TL. Thymian, getrocknet

¼ TL. Oregano, getrocknet

Gebrauchsanweisung:

1. Den Ofen auf 200 °C vorheizen.

2. Als nächstes alle Zutaten außer Lachs in einer mittelgroßen Schüssel vermischen.

3. Diese Mischung nun gleichmäßig auf dem Lachs verteilen.

4. Anschließend den Lachs mit der Hautseite nach unten auf ein mit Backpapier ausgelegtes Backblech legen.

5. Zum Schluss 8 Minuten garen oder bis der Fisch auseinanderfällt.

Ernährungsinformation:Kalorien: 239 Kcal Proteine: 31 g Kohlenhydrate: 3 g Fett: 11 g

Hühnersalat mit griechischem Joghurt

Zutaten:

gehacktem Hühnerfleisch

Grüner Apfel

rote Zwiebel

Sellerie

getrocknete Cranberries

Gebrauchsanweisung:

1. Mixed Greens Greek Yogurt Chicken Portion ist eine außergewöhnliche Idee für die Zubereitung eines Abendessens. Sie können es auf ein Bastelregal stellen und einfach essen, oder Sie können es in eine Superprep-Box mit mehr Gemüse, Chips usw. packen. Hier finden Sie einige Serviceempfehlungen.

2. Mit etwas Toast

3. In einer Tortilla mit Salat

4. Mit Chips oder Snacks

5. Auf etwas Eisburgersalat (Low-Carb-Option!)

Pilado-Kichererbsensalat

Zutaten:

1 Avocado

1/2 sizilianische Zitrone

1 Dose abgetropfte Kichererbsen (19 Gramm)

1/4 Tasse geschnittene rote Zwiebel

2 Tassen geschnittene Traubentomaten

2 Tassen gewürfelte Gurke

1/2 Tasse knusprige Salsa

3/4 Tasse gehackte grüne Chilischote

Tragen

1/4 Tasse Olivenöl

2 Esslöffel Rotweinessig

1/2 TL Kreuzkümmel

Salz und Pfeffer

Gebrauchsanweisung:

1. Die Avocado in dreidimensionale Quadrate schneiden und in die Schüssel geben. Drücken Sie den Saft einer halben Limette über die Avocado und schwenken Sie sie vorsichtig, damit sie fest wird.

2. Den restlichen Teil des gemischten Gemüses hinzufügen und vorsichtig vermischen.

3. Vor dem Servieren mindestens eine Stunde abkühlen lassen.

Portionen Valencia-Salat: 10

Kochzeit: 0 Minuten

Zutaten:

1 Teelöffel. Kalamata-Oliven in Öl, entkernt, leicht abgetropft, halbiert, julienned

1 Kopf kleiner Römersalat, abgespült, getrocknet, in kleine Stücke geschnitten

½ kleine Schalotte, fein gehackt

1 Teelöffel. dijon Senf

½ kleine Satsuma oder Mandarine, nur Fruchtfleisch

1 Teelöffel. Weißweinessig

1 Teelöffel. Natives Olivenöl extra

1 Prise frischer Thymian, gehackt

Prise Meersalz

Etwas schwarzer Pfeffer nach Geschmack

Gebrauchsanweisung:

1. Essig, Öl, frischen Thymian, Salz, Senf, schwarzen Pfeffer und Honig (falls verwendet) vermischen. Gut verrühren, bis die Soße etwas emulgiert.

2. Die restlichen Salatzutaten in einer Salatschüssel vermischen.

3. Beim Servieren die Soße darübergießen. Bei ungesüßtem Sauerteigbrot oder Snacks sofort mit 1 Scheibe servieren.

Ernährungsinformation:Kalorien 238 Kohlenhydrate: 23 g Fett: 15 g Protein: 8 g

Portionen „Eat Your Greens"-Suppe: 4

Kochzeit: 20 Minuten

Zutaten:

¼ Tasse natives Olivenöl extra

2 Lauchstangen, nur die weißen Teile, in dünne Scheiben geschnitten

1 Fenchelzwiebel, geputzt und in dünne Scheiben geschnitten

1 Knoblauchzehe, geschält

1 Bund Mangold, grob gehackt

4 Tassen grob gehackter Grünkohl

4 Tassen grob gehackter Senf

3 Tassen Gemüsebrühe

2 Esslöffel Apfelessig

1 Teelöffel Salz

¼ TL frisch gemahlener schwarzer Pfeffer

¼ Tasse gehackte Cashewnüsse (optional)

Gebrauchsanweisung:

1. Öl in einem großen Topf bei starker Hitze erhitzen.

2. Lauch, Fenchel und Knoblauch hinzufügen und ca. 5 Minuten anbraten, bis sie weich sind.

3. Mangold, Grünkohl und Senf hinzufügen und 2 bis 3 Minuten anbraten, bis das Gemüse zusammenfällt.

4. Die Brühe hinzufügen und zum Kochen bringen.

5. 5 Minuten kochen lassen.

6. Essig, Salz, Pfeffer und Cashewnüsse (falls verwendet) einrühren.

7. Die Suppe mit einem Stabmixer glatt pürieren und servieren.

Ernährungsinformation:Kalorien: 238 Gesamtfett: 14 g Gesamtkohlenhydrate: 22 g Zucker: 4 g Ballaststoffe: 6 g Protein: 9 g Natrium: 1294 mg

Portionen Lachs mit Miso und grünen Bohnen: 4

Kochzeit: 25 Minuten

Zutaten:

1 Esslöffel Sesamöl

1 Pfund grüne Bohnen, geputzt

1 Pfund Lachsfilets mit Haut, in 4 Steaks geschnitten ¼ Tasse weißes Miso

2 Teelöffel glutenfreie Tamari- oder Sojasauce 2 Schalotten, in dünne Scheiben geschnitten

Gebrauchsanweisung:

1. Ofen auf 400 °F vorheizen. Fetten Sie das Backblech mit Öl ein.

2. Legen Sie die grünen Bohnen und dann den Lachs auf die grünen Bohnen und bestreichen Sie jedes Stück mit Miso.

3. 20 bis 25 Minuten backen.

4. Tamari darüber träufeln, Schnittlauch darüber streuen und servieren.

Ernährungsinformation:Kalorien: 213 Gesamtfett: 7 g Gesamtkohlenhydrate: 13 g Zucker: 3 g Ballaststoffe: 5 g Protein: 27 g Natrium: 989 mg

Portionen Lauch-, Hühner- und Spinatsuppe: 4

Kochzeit: 15 Minuten

Zutaten:

3 Esslöffel ungesalzene Butter

2 Lauchstangen, nur die weißen Teile, in dünne Scheiben geschnitten

4 Tassen Babyspinat

4 Tassen Hühnerbrühe

1 Teelöffel Salz

¼ TL frisch gemahlener schwarzer Pfeffer

2 Tassen zerkleinertes Brathähnchen

1 Esslöffel dünn geschnittener frischer Schnittlauch

2 Teelöffel geriebene oder gehackte Zitronenschale

Gebrauchsanweisung:

1. Die Butter bei starker Hitze in einem großen Topf schmelzen.

2. Den Lauch hinzufügen und anbraten, bis er weich ist und anfängt zu bräunen, 3

bis 5 Minuten.

3. Spinat, Brühe, Salz und Pfeffer hinzufügen und zum Kochen bringen.

4. 1 bis 2 Minuten kochen lassen.

5. Das Hähnchen hinzufügen und 1 bis 2 Minuten kochen lassen.

6. Schnittlauch und Zitronenschale darüberstreuen und servieren.

Ernährungsinformation:Kalorien: 256 Gesamtfett: 12 g Gesamtkohlenhydrate: 9 g Zucker: 3 g Ballaststoffe: 2 g Protein: 27 g Natrium: 1483 mg

Portionen dunkle Schokoladenbomben: 24

Kochzeit: 5 Minuten

Zutaten:

1 Tasse Milchcreme

1 Tasse weicher Frischkäse

1 Teelöffel Vanilleessenz

1/2 Tasse dunkle Schokolade

2 Unzen. Stevia

Gebrauchsanweisung:

1. Die Schokolade in einer Schüssel schmelzen und in der Mikrowelle erhitzen.

2. Die restlichen Zutaten im Mixer schaumig schlagen und die geschmolzene Schokolade hinzufügen.

3. Gut vermischen und dann die Mischung in ein mit Muffinförmchen ausgelegtes Muffinblech verteilen.

4. 3 Stunden kalt stellen.

5. Servieren.

Ernährungsinformation:Kalorien 97, Fett 5 g, Kohlenhydrate 1 g, Protein 1 g, Ballaststoffe 0 g

Portionen italienischer gefüllter Paprika: 6

Kochzeit: 40 Minuten

Zutaten:

1 Teelöffel Knoblauchpulver

1/2 Tasse Mozzarella, gerieben

1 Pfund mageres Rinderhackfleisch

1/2 Tasse Parmesankäse

3 Paprika, der Länge nach halbiert, Stiele, Kerne und Rippen entfernt

1 (10 oz) Packung gefrorener Spinat

2 Tassen Marinara-Sauce

1/2 TL Salz

1 TL italienisches Gewürz

Gebrauchsanweisung:

1. Ein mit Folie ausgelegtes Backblech mit Antihaftspray bestreichen. Die Paprika auf das Backblech legen.

2. Legen Sie den Truthahn in eine beschichtete Pfanne und kochen Sie ihn bei mittlerer Hitze, bis er nicht mehr rosa ist.

3. Wenn es fast gar ist, 2 Tassen Marinara-Sauce und Gewürze hinzufügen – etwa 8–10 Minuten kochen lassen.

4. Den Spinat zusammen mit 1/2 Tasse Parmesan hinzufügen. Rühren, bis alles gut vermischt ist.

5. Geben Sie zu jeder Paprika eine halbe Tasse der Fleischmischung und verteilen Sie den Käse auf alle. - Heizen Sie den Ofen auf 200 °C (450 °F) vor.

6. Die Paprika etwa 25–30 Minuten rösten. Abkühlen lassen und servieren.

Ernährungsinformation:150 Kalorien, 2 g Fett, 11 g Gesamtkohlenhydrate, 20 g Protein

Geräucherte Forelle im Salatmantel. Portionen: 4

Kochzeit: 45 Minuten

Zutaten:

¼ Tasse Bratkartoffeln mit Salz

1 Tasse Traubentomaten

½ Tasse Basilikumblätter

16 kleine bis mittelgroße Salatblätter

1/3 Tasse asiatische süße Chilis

2 Karotten

1/3 Tasse Schalotten (in dünne Scheiben geschnitten)

¼ Tasse dünn geschnittene Jalapeños

1 Löffel Zucker

2–4,5 Gramm geräucherte Forelle ohne Haut

2 Esslöffel frischer Zitronensaft

1 Gurke

Gebrauchsanweisung:

1. Karotte und Gurke in dünne Streifen schneiden.

2. Marinieren Sie dieses Gemüse 20 Minuten lang mit Zucker, Fischsauce, Limettensaft, Frühlingszwiebeln und Jalapeno.

3. Forellenstücke und andere Kräuter zu dieser Gemüsemischung hinzufügen und vermischen.

4. Das Wasser aus der Gemüse-Forellen-Mischung abseihen und erneut verrühren.

5. Die Salatblätter auf einen Teller legen und den Forellensalat darauf legen.

6. Garnieren Sie diesen Salat mit Erdnüssen und Chilisauce.

Ernährungsinformation:Kalorien 180 Kohlenhydrate: 0 g Fett: 12 g Protein: 18 g

Zutaten für gekochten Eiersalat:

12 große Eier

1/4 Tasse gehackte Frühlingszwiebel

1/2 Tasse gehackter Sellerie

1/2 Tasse gehackte rote Chilischote

2 Esslöffel Dijon-Senf

1/3 Tasse Mayonnaise

1 Esslöffel Saft, Weißwein oder Sherryessig 1/4 Teelöffel Tabasco oder andere scharfe Soße (viel nach Geschmack) 1/2 Teelöffel Paprika (viel nach Geschmack) 1/2 Teelöffel Paprika schwarzer Pfeffer (viel nach Geschmack) 1/ 4 Teelöffel Salz (plus nach Geschmack)

Gebrauchsanweisung:

1. Eier gründlich erhitzen: Die einfachste Methode, Eier mit harten Blasen zuzubereiten, die sich alles andere als schwer schälen lassen, besteht darin, sie zu dämpfen.

Füllen Sie einen Topf 2,5 cm mit Wasser und fügen Sie einen Scheffel Dampf hinzu. (Wenn Sie keinen Dampfgarer haben, ist das kein Problem.) 2. Erhitzen Sie das Wasser zum Kochen und geben Sie die Eier vorsichtig in den Dampfgarer oder direkt in den Topf. Teilen Sie den Topf. Stellen Sie die Uhr auf 15 Minuten ein. Evakuieren Sie die Eier und legen Sie sie zum Abkühlen in kaltes Wasser mit Viren.

3. Eier und Gemüse vorbereiten: Die Eier grob hacken und in eine große Schüssel geben. Frühlingszwiebeln, Sellerie und rote Paprika hinzufügen.

4. Bereiten Sie das gemischte Gemüsegericht zu: Kombinieren Sie Mayonnaise, Senf, Essig und Tabasco in einer kleinen Schüssel. Die Mayonnaise vorsichtig mit den Eiern und dem Gemüse in die Schüssel geben. Paprika, Salz und schwarzen Pfeffer hinzufügen. Gewürze nach Geschmack wechseln.

Gebackenes Sesam-Tamari-Hähnchen mit grünen Bohnen

Portionen: 4

Kochzeit: 45 Minuten

Zutaten:

1 Pfund grüne Bohnen, geputzt

4 Hähnchenbrüste mit Knochen und Haut

2 Löffel Honig

1 Esslöffel Sesamöl

1 Esslöffel glutenfreie Tamari- oder Sojasauce 1 Tasse Hühner- oder Gemüsebrühe

Gebrauchsanweisung:

1. Ofen auf 400 °F vorheizen.

2. Ordnen Sie die grünen Bohnen in einer großen ofenfesten Form an.

3. Legen Sie das Hähnchen mit der Hautseite nach oben auf die Bohnen.

4. Mit Honig, Olivenöl und Tamari beträufeln. Brühe hinzufügen.

5. 35 bis 40 Minuten backen. Herausnehmen, 5 Minuten ruhen lassen und servieren.

Ernährungsinformation:Kalorien: 378 Gesamtfett: 10 g Gesamtkohlenhydrate: 19 g Zucker: 10 g Ballaststoffe: 4 g Protein: 54 g Natrium: 336 mg

Portionen Ingwer-Hühnereintopf: 6

Kochzeit: 20 Minuten

Zutaten:

¼ Tasse Hähnchenschenkelfilets, gewürfelt

¼ Tasse gekochte Eiernudeln

1 grüne Papaya, geschält, gewürfelt

1 Tasse Hühnerbrühe, natriumarm, fettarm

1 Ingwermedaillon, geschält, zerdrückt

Zwiebelpulver

Knoblauchpulver zerkleinern, bei Bedarf mehr hinzufügen

1 Tasse Wasser

1 Teelöffel. Fischsoße

Prise weißer Pfeffer

1 kleine Vogelaugenpaprika, fein gehackt

Gebrauchsanweisung:

1. Stellen Sie die gesamte Vorrichtung bei starker Hitze in einen großen Schmortopf. Kochen.

Reduzieren Sie die Hitze auf die niedrigste Stufe. Deckel auflegen.

2. Lassen Sie den Eintopf 20 Minuten lang kochen oder bis die Papaya weich ist.

Mach das Feuer aus. Essen Sie pur oder mit einer halben Tasse gekochtem Reis. Heiß servieren.

Ernährungsinformation:Kalorien 273 Kohlenhydrate: 15 g Fett: 9 g Protein: 33 g

Zutaten für den cremigen Garbano-Salat:

Teller mit gemischtem Gemüse

2 14-Unzen-Gläser Kichererbsen

3/4 Tasse Karottenstreuer

3/4 Tasse Sellerie-Shaker

3/4 Tasse kleine Chili-Shaker

1 gehackte Zwiebel

1/4 Tasse kleine rote Zwiebelkoteletts

1/2 große Avocado

6 Gramm weicher Tofu

1 Esslöffel Apfelessig

1 Esslöffel Zitronensaft

1 Esslöffel Dijon-Senf

1 Esslöffel süßes Relish

1/4 TL geräuchertes Paprikapulver

1/4 TL Selleriesamen

1/4 Teelöffel schwarzer Pfeffer

1/4 TL Senfpulver

Meersalz nach Geschmack

Sandwich-Fixierer

Vollkornbrot

Roma-Tomaten schneiden

Salat verteilen

Gebrauchsanweisung:

1. Karotten, Sellerie, Chilischote, rote Zwiebel und Frühlingszwiebel vorbereiten, hacken und in eine kleine Schüssel geben. Bewahren Sie es an einem sicheren Ort auf.

2. Avocado, Tofu, Apfelessig, Limettensaft und Senf mit einem kleinen Stabmixer oder einer Küchenmaschine glatt rühren.

3. Die Kichererbsen abseihen, waschen und in eine mittelgroße Schüssel geben. Zerdrücken Sie die Bohnen mit einem Kartoffelstampfer oder einer Gabel, bis sich die meisten davon trennen, und beginnen Sie, das gemischte grüne Fischgericht zu tragen. Es muss nicht glatt, sondern fertig und dick sein. Die Bohnen mit einer Prise Salz und Pfeffer würzen.

4. Das zerkleinerte Gemüse, die Avocado-Tofu-Creme und die restlichen Aromen dazugeben, anbraten und gut vermischen. Probieren und modifizieren Sie es entsprechend Ihrem Boden.

Karottennudeln mit Erdnusssauce und Ingwer

Zutaten:

Für den Karottenteig:

5 große Karotten, geschält und in dünne Scheiben geschnitten, 1/3 Tasse (50 g) gekochte Cashewnüsse

2 Esslöffel frischer Koriander, fein gehackt

Für Ingwer-Erdnusssauce:

2 Esslöffel reichhaltige Walnusspaste

4 Esslöffel normale Kokosmilch

Den Cayennepfeffer auspressen

2 große Knoblauchzehen, fein gehackt

1 Esslöffel frischer Ingwer, geschält und gemahlen 1 Esslöffel Zitronensaft

Salz, nach Geschmack

Gebrauchsanweisung:

1. Geben Sie alle Zutaten für die Soße in eine kleine Schüssel und verrühren Sie sie, bis sie glatt und dick sind. Bewahren Sie sie dann an einem sicheren Ort auf, während Sie die Karotten/Spindeln schneiden.

2. In einer großen Schüssel die Karotten und die Soße vorsichtig vermischen, bis sie gleichmäßig bedeckt sind. Mit gegrillten Cashewkernen (oder Erdnüssen) und frisch gehacktem Koriander belegen.

Gebratenes Gemüse mit Süßkartoffeln und weißen Bohnen

Portionen: 4

Kochzeit: 25 Minuten

Zutaten:

2 kleine Süßkartoffelwürfel

½ rote Zwiebel, in ¼-Zoll-Würfel geschnitten

1 mittelgroße Karotte, geschält und in dünne Scheiben geschnitten

4 Unzen grüne Bohnen, geputzt

¼ Tasse natives Olivenöl extra

1 Teelöffel Salz

¼ TL frisch gemahlener schwarzer Pfeffer

1 (15 ½ oz) weiße Kidneybohnen, abgetropft und abgespült 1 Esslöffel gehackte oder geriebene Zitronenschale

1 Esslöffel gehackter frischer Dill

Gebrauchsanweisung:

1. Ofen auf 400 °F vorheizen.

2. Süßkartoffeln, Zwiebeln, Karotten, grüne Bohnen, Öl, Salz und Pfeffer in einer großen Pfanne vermischen und vermengen. In einer einzigen Schicht anordnen.

3. 20 bis 25 Minuten rösten, bis das Gemüse weich ist.

4. Weiße Bohnen, Zitronenschale und Dill dazugeben, gut vermischen und servieren.

<u>Ernährungsinformation:</u>Kalorien 315 Gesamtfett: 13 g Gesamtkohlenhydrate: 42 g Zucker: 5 g Ballaststoffe: 13 g Protein: 10 g Natrium: 632 mg

Portionen Grünkohlsalat: 1

Kochzeit: 0 Minuten

Zutaten:

1 Tasse frischer Grünkohl

½ Tasse Blaubeeren

½ Tasse Kirschen, halbiert

¼ Tasse getrocknete Preiselbeeren

1 Esslöffel Sesamkörner

2 EL Olivenöl

1 Zitronensaft

Gebrauchsanweisung:

1. Olivenöl und Zitronensaft vermischen und den Grünkohl in die Soße geben.

2. Die Grünkohlblätter in eine Salatschüssel geben und mit den frischen Blaubeeren, Morcheln und Preiselbeeren belegen.

3. Mit Sesamkörnern belegen.

Ernährungsinformation:Gesamtkohlenhydrate: 48 g, Ballaststoffe: 7 g, Protein: 6 g, Gesamtfett: 33 g, Kalorien: 477

Gekühlte Glasportionen aus Kokosnuss und Haselnuss: 1

Kochzeit: 0 Minuten

Zutaten:

½ Tasse Kokosmilch

¼ Tasse Haselnüsse, gehackt

1 und ½ Tassen Wasser

1 Päckchen Stevia

Gebrauchsanweisung:

1. Geben Sie die aufgeführten Zutaten in den Mixer

2. Mischen, bis eine glatte und cremige Konsistenz entsteht. 3. Gekühlt servieren und guten Appetit!

Ernährungsinformation:Kalorien: 457 Fett: 46 g Kohlenhydrate: 12 g Protein: 7 g

Knoblauchportionen Kichererbsen und Spinat: 4

Kochzeit: 0 Minuten

Zutaten:

1 Esslöffel Olivenöl

½ Zwiebel, gewürfelt

10 Gramm Spinat, gehackt

12 Gramm Kichererbsen

½ TL Kreuzkümmel

Gebrauchsanweisung:

1. Nehmen Sie eine Bratpfanne, geben Sie das Öl hinzu und lassen Sie es bei mittlerer bis niedriger Hitze erhitzen. 2. Fügen Sie die Zwiebeln und Kichererbsen hinzu und braten Sie es 5 Minuten lang an. 3. Fügen Sie Spinat, Kreuzkümmel und Kichererbsen hinzu und würzen Sie es mit Salz. 4. Verwenden Sie einen Löffel sanft zerdrücken

5. Gut kochen, bis es durchgewärmt ist, genießen!

Ernährungsinformation:Kalorien: 90 Fett: 4 g Kohlenhydrate: 11 g Protein: 4 g

Taroblätter in Kokossauce, Portionen: 5

Kochzeit: 20 Minuten

Zutaten:

4 Tassen getrocknete Taroblätter

2 Dosen Kokoscreme, geteilt

¼ Tasse Schweinehackfleisch, 90 % mager

1 Teelöffel. Garnelenpaste

1 Vogelaugen-Chili, gehackt

Gebrauchsanweisung:

1. Mit Ausnahme einer Dose Kokoscreme alle Zutaten bei mittlerer Hitze in einen Slow Cooker geben. Befestigen Sie den Deckel. Ohne Rühren 3 bis 3 1/2 Stunden kochen lassen.

2. Gießen Sie die restliche Dose Kokoscreme hinein, bevor Sie den Herd ausschalten. Umrühren und servieren.

<u>Ernährungsinformation:</u>Kalorien 264 Kohlenhydrate: 8 g Fett: 24 g Protein: 4 g

www.ingramcontent.com/pod-product-compliance
Lightning Source LLC
LaVergne TN
LVHW021705060526
838200LV00050B/2511